suhrkamp taschenbuch
wissenschaft 1200

Seit etwa zwanzig Jahren beginnt die Krisensituation in der psychoanalytischen Gemeinschaft sich zu formulieren. Einige Autoren, die zur Zukunft der Psychoanalyse Stellung nehmen, verschließen die Augen vor der Lage der »real existierenden Psychoanalyse«. Sie rufen zur Solidarität und zu fundamentalistischem Festhalten an den tradierten Paradigmata auf. Andere, die Mehrheit, fordern, um die Psychoanalyse zu retten, eine Reform an Haupt und Gliedern: Reform des analytischen Ausbildungssystems, Aufgabe der Selbstghettoisierung der psychoanalytischen Institute und Anschluß derselben an die Universitäten, Anpassung der psychoanalytischen Sprache an die der kognitiven Wissenschaften etc.

In Deutschland ist die Krise durch Eingriffe von außen verursacht: die Krankenkassen dürfen psychoanalytische Therapie im strengen Sinne nicht mehr finanzieren. Die psychoanalytischen Ausbildungsinstitute müssen Lehrinhalte nichtanalytischer Natur aufnehmen. Es wurden zwei neue Facharzttitel geschaffen, und Psychoanalytiker dürfen in Zukunft nur dann praktizieren, wenn sie einen der beiden nachweisen können.

Im vorliegenden Band kommen nicht nur praktizierende Psychoanalytiker zu Wort, sondern auch Vertreter aus den Geisteswissenschaften sowie ein Vertreter jener Richtung, die die Zukunft der Psychotherapie in einem breiten Angebot verschiedener Verfahren im Rahmen der Versorgung der Bevölkerung sieht.

Johannes Cremerius ist Prof. em. der Universität Freiburg, Facharzt für Psychiatrie und Neurologie, Facharzt für Innere Medizin und Lehranalytiker der DPV. Veröffentlichungen im Suhrkamp Verlag: *Zur Theorie und Praxis der Psychosomatischen Medizin* (stw 255); *Die Rezeption der Psychoanalyse in der Soziologie, Psychologie und Theologie im deutschsprachigen Raum bis 1940* (stw 296).

Die Zukunft der Psychoanalyse

Herausgegeben von
Johannes Cremerius

Suhrkamp

Die Deutsche Bibliothek – CIP-Einheitsaufnahme
Die Zukunft der Psychoanalyse /
hrsg. von Johannes Cremerius. –
1. Aufl. – Frankfurt am Main :
Suhrkamp, 1995
(Suhrkamp-Taschenbuch Wissenschaft ; 1200)
ISBN 3-518-28800-8
NE: Cremerius, Johannes; GT

suhrkamp taschenbuch wissenschaft 1200
Erste Auflage 1995
© Suhrkamp Verlag Frankfurt am Main 1995
Suhrkamp Taschenbuch Verlag
Alle Rechte vorbehalten, insbesondere das
des öffentlichen Vortrags, der Übertragung
durch Rundfunk und Fernsehen
sowie der Übersetzung, auch einzelner Teile.
Satz und Druck: Wagner GmbH, Nördlingen
Printed in Germany
Umschlag nach Entwürfen von
Willy Fleckhaus und Rolf Staudt

1 2 3 4 5 6 – 00 99 98 97 96 95

Inhalt

Vorwort des Herausgebers

In dem Jahr, in dem die Psychoanalyse hundert Jahre alt wird, versuchen die Autoren dieses Bandes über die Zukunft der Psychoanalyse nachzudenken.

Dem Herausgeber ist es wichtig, diese Frage nicht nur von praktizierenden Analytikern beantworten zu lassen, sondern auch von Autoren, die sich außerhalb der psychoanalytischen Praxis seit Jahren mit der Psychoanalyse als Wissenschaft vom Menschen, als Kulturtheorie und als Gesellschaftskritik auseinandersetzen: von einem Philosophen, einem Kulturkritiker und einem Soziologen. Dies erscheint ihm wichtig, weil er der Auffassung ist, daß Psychoanalyse als Wissenschaft vom Menschen weit über den medizinischen Versorgungsrahmen hinausreichen muß.

Die fünf praktizierenden Analytiker, Lehrer und Forscher alle im klinisch-psychotherapeutisch-psychoanalytischen Bereich, betrachten das Thema aus der Perspektive jeweils unterschiedlicher Schulrichtungen und unterschiedlicher Erfahrungsbereiche; einer derselben vom Standpunkt der Diskussion, wie sie bereits in den siebziger Jahren am New Yorker Psychoanalytischen Institut geführt wurde. Sein Beitrag zeigt, wie lange das Thema schon ansteht.

Die Prognosen der Autoren sind für die institutionalisierte Psychoanalyse und für den Beruf des Analytikers wie für die Stellung der Psychoanalyse in der Gesellschaft nicht glänzend. Für die Psychoanalyse als Wissenschaft vom Menschen sehen sie dagegen Zukunftschancen. Damit sie sich verwirklichen können und damit die Psychoanalyse auch in das kommende Jahrhundert »als bedeutendes Ferment in die kulturelle Entwicklung« eingehen kann (Freud 1924), bedarf es großer Anstrengungen und tiefgreifender Reformen. Wie sie aussehen könnten, gehört zu den Themen des Bandes.

Johannes Cremerius
Die Zukunft der Psychoanalyse

1924 drückt Freud die Erwartung aus, »daß die Psychoanalyse als ein bedeutendes Ferment in die kulturelle Entwicklung der nächsten Dezennien eingehen und dazu verhelfen wird, unser Weltverständnis zu vertiefen« (Freud 1924). Was Freud erwartet, ahnt Carl J. Burckhardt ein Jahr später voraus: »Dieser Freud wird im Lauf dieses Jahrhunderts unendlich viel mächtiger sein, als alles, was in unserer Kindheit uns scheinbar fest verwurzelt umgab« (Brief an Hugo von Hofmannsthal, Hofmannsthal-Burckhardt 1956).

In dem Jahr, in dem die Psychoanalyse hundert Jahre alt wird, stelle ich zurückblickend fest, daß sich die Erwartung Freuds und die Vorahnung Burckhardts für diesen Zeitraum erfüllt haben. Die Psychoanalyse als Idee hat in diesen hundert Jahren in einem Siegeszug sondergleichen Einfluß auf die Denkungsart der Forscher wie auf ihre Forschungsmethoden und auf die Werke der Dichter, Schriftsteller und bildenden Künstler genommen; sie ist von den Humanwissenschaften breit, wenn auch kontrovers, rezipiert worden; sie hat Disziplinen, wie etwa die Soziologie und die Ethnologie, tiefgreifend verändert; sie findet praktische Verwendung im Strafrecht, vor allem hat sie die Beurteilung jugendlicher Straftäter vielerorts grundlegend verwandelt; die Literaturwissenschaft sucht mit ihrer Hilfe neue Wege der Textinterpretation; mannigfaltig sind auch die Bemühungen um Verständigung zwischen ihr und der Politik – mannigfaltig sind sie sogar zwischen ihr und der Theologie beider Konfessionen (Cremerius 1981). Nirgendwo hat jedoch die Rezeption ein solches Ausmaß erreicht wie in den Werken der Schriftsteller und Dichter (Cremerius 1987, 1993). Bemerkte Freud, daß sich seine Krankengeschichten wie Novellen lesen, so gilt seit neunzig Jahren, daß sich Novellen und Romane wie Krankengeschichten lesen. Ich verweise auf einen Prototyp dieser Literatur, den *Mann ohne Eigenschaften* von Musil (Cremerius 1979).

An der Schwelle zu einem neuen Jahrhundert stellt sich die Frage nach der Zukunft der Psychoanalyse, der Psychoanalyse als Idee und der Psychoanalyse als Institution in demselben. Ich werde im ersten Teil meiner Arbeit über die Zukunft der Psychoanalyse als Institution, im letzten Teil über ihre Zukunft als Idee handeln. In beiden Fällen habe ich das Glück, nicht auf bloße Vermutungen angewiesen zu sein. Dies gilt vor allem für die Zukunft der Institution. Hier genügt die Analyse des Jetztzustandes, um eine verläßliche Prognose machen zu können. Da derselbe bereits seit Jahrzehnten andauert, ja, seit der Gründung der psychoanalytischen Bewegung im Jahre 1910 besteht, kann ich mich auf etwas stützen, was bereits Geschichte ist. Ich bin also nicht auf die Zufälligkeiten und Flüchtigkeiten einer wechselnden Aktualität angewiesen.

Die Prognose für die *Zukunft der Psychoanalyse als Idee*, als Wissenschaft vom Menschen, kann sich auf starke offenkundige Tendenzen der letzten zwanzig Jahre stützen. Indem ich sie verlängere, kann ich mir in Fortsetzung derselben ein Bild von ihrer Zukunft machen. Ich werde mir erlauben, in dieses Bild meine Vorstellungen darüber einzubringen, was sie tun muß, um als Idee, als Wissenschaft, das zu erreichen, was ich ihr wünsche, nämlich eine Zukunft im Verbund mit den anderen Wissenschaften vom Menschen.

Die Besorgnis über die bedrohte Situation der psychoanalytischen Institution

Der Jetztzustand der institutionalisierten Psychoanalyse ist derart besorgniserregend, daß er zum Gegenstand zahlreicher Publikationen über die Zukunft der Psychoanalyse geworden ist: 1988 lädt die Redaktion des *Psychoanalytic Quarterly* acht »führende Persönlichkeiten unseres Berufes« ein, zum Thema der Zukunft der Psychoanalyse Stellung zu nehmen (vgl. No. 57 und 58, 1988 und 1989); im selben Jahr hielten Sandler und im darauffolgenden Jahr Wallerstein je einen Vortrag mit demselben Titel (Sandler 1990; Wallerstein 1991a, unveröffentlicht); Analytiker des Bernfeldkreises in Deutschland teilten diese Besorgnis. Sie schlossen sich mit schweizerischen, englischen, französischen und italienischen Analytikern unter dem Namen »Vernetzung« zusammen; 1991/92 veranstaltete das Psychoanalytische Seminar Zürich eine Vorlesungsreihe mit dem Thema »Die Endlichkeit der Psychoanalyse« (1992), in dem ich über die »Zukunft der Psychoanalyse« sprach (Cremerius 1992); 1993 publizierte Kernberg einen Aufsatz »Aktuelle Probleme der Psychoanalyse«, in dem er den Ursachen der Krise nachgeht und eine »Neueinschätzung« anbietet (Kernberg 1993).

Die ab der Mitte dieses Jahrhunderts publizierten Texte über die Krise der Psychoanalyse (Fromm 1970; Kohut 1973) blieben weitgehend unbeachtet. Auch die Stimme eines so renommierten Autors wie Eissler, der der Psychoanalyse »keine glänzende Zukunft« voraussagte (Eissler 1965, S. 469), oder die ernsthaften Bemühungen der *Revue française de Psychanalyse* 1975, das Thema der Zukunft der Psychoanalyse zu bearbeiten, wurden nicht wahrgenommen. Das Buch, in dem Eissler seine Besorgnis formulierte, blieb ohne Echo, ist bis heute nicht ins Deutsche übersetzt; die Aufsätze der *Revue* sind in Deutschland nicht rezipiert worden. Die Anstrengungen des Bernfeldkreises und der »Vernetzung« zehn Jahre später, anfänglich stark beachtet, haben letztlich die erstarrte Institution nicht bewegen können.

Im Gegensatz zu dieser Wahrnehmungsverweigerung haben die Aufsätze im *Psychoanalytic Quarterly* Beachtung gefunden. Aber eine lösungskräftige Konsequenz ging auch von ihnen nicht aus. Das liegt einmal daran, daß die institutionalisierte Psychoanalyse, um deren Bedrohtheit es sich doch in allen Texten handelt, es nicht für nötig erachtet, sie zum Thema von Tagungen und Konferenzen zu machen, zum anderen daran, daß die Autoren des *Quarterly* die Ursachen der »gefährlichen Veränderungen unserer Wissenschaft wie unseres Berufes« außerhalb der institutionalisierten Psychoanalyse suchen, also in Entwicklungen, auf welche die Institution nicht einwirken kann:

- Zunahme alternativer Therapien und die damit verbundene Sorge, dadurch Patienten, die für die Psychoanalyse geeignet wären, zu verlieren;
- im nachlassenden Zugang zu den Ausbildungsinstituten, vor allem eine stark sinkende Zahl von Medizinern, die den Beruf des Psychoanalytikers ergreifen wollen;

11

– im Umschlag des dynamischen Denkens in der Psychiatrie in ein vorherrschend biologisches und verhaltenstherapeutisches Denken;
– in der wachsenden Bereitschaft der Bevölkerung, sich psychopharmakologischen Therapien anzuvertrauen, die heute bereits von praktischen Ärzten durchgeführt werden. Das hat zur Folge, daß viele therapiebedürftige Patienten gar nicht erst in den Praxen der Analytiker auftauchen;
– im Wegfall der staatlichen Förderung;
– im Absinken des Prestiges der Psychoanalyse in der amerikanischen Gesellschaft;
– in der Enttäuschung über die Psychoanalyse sowohl in bezug auf ihre kurative Wirkung wie in bezug auf ihre gesellschaftsverändernde Kraft;
– im Widerstand gegen ihre elitäre Haltung, in »bösartiger Kritik« und Animosität.

Die Blickrichtung nach außen hindert die Diagnostiker daran, die internen Ursachen der Krise zu erkennen, und das wiederum macht sie unfähig, Überlegungen darüber anzustellen, wie sie solchen Phänomenen begegnen könnten. Ich werde versuchen, mein Augenmerk auf die inneren Ursachen zu richten. Als erstes fällt bei dieser veränderten Blickrichtung auf, daß sich die Ursache-Folge-Relation umkehrt: Das, was die genannten Autoren exklusiv als Ursachen der Krise bezeichnen, sind im wesentlichen Folgen innerer Mißstände und Versäumnisse, vor allem die Folge der Selbstentfremdung der Psychoanalyse durch die Aufgabe der ihre Identität bestimmenden Prinzipien.

Die unverarbeitete Vorgeschichte der institutionalisierten Psychoanalyse

Alle Ideen beginnen als Häresie und enden als Dogma.

Um diese heutigen Mißstände und Versäumnisse wie die Selbstentfremdung der Psychoanalyse verstehen zu können, ist es notwendig, ihre Vorgeschichte, ihre Herkunft aus dem Geist der »psychoanalytischen Bewegung« zu kennen, einem Geist, der den Grundsätzen der Psychoanalyse, Befreiung durch Aufklärung, schroff widerspricht. Es führen böse Spuren von damals bis in unsere Gegenwart. Jener Märztag im Jahre 1910, an dem die psychoanalytische Bewegung in Nürnberg gegründet wurde, erweist sich als kein glorreiches Datum. Hier wurde der Grundstein zur autoritär-hierarchischen Struktur der Internationalen Psychoanalytischen Vereinigung (IPV) gelegt: »Der Präsident ist der Vater, dessen Ansprüche unwiderlegbar, dessen Autorität unverletzlich ist.« Die Bewegung brauche ein »Oberhaupt« mit weitgehender Macht (Jones 1955, Bd. II, S. 90) und eine die Mitglieder kontrollierende Instanz: Der Präsident solle außerordentliche Vollmacht haben, einschließlich der Ernennung und Absetzung von Analytikern und der Genehmigung aller Schriften von Mitgliedern über Psychoanalyse vor ihrer Publikation (ebd.). Freud hat diese Struktur durch die Akzeptanz dieser Formulierungen wie durch sein späteres Verhalten gefördert: Er legte zum Beispiel Ziel und Zweck der psychoanalytischen Ausbildung in indoktrinativer Weise fest (siehe unten, S. 17). Um seine Ideen vor Vergänglichkeit zu schützen, schuf er ein »Komitee«, »eine Art alte Garde«, das sein »Werk gegen Persönlichkeiten und Zwischenfälle verteidigen [sollte], wenn ich nicht mehr da bin« (Jones 1955, S. 187f.). Er selber versuchte durch Gründung von »Ortsgruppen« in den Hauptstädten der Welt, deren Leiter von ihm persönlich analysiert sein mußten, die Unvergänglichkeit seines Werkes zu sichern; er nannte sie »Kolonisten«. Gegen Vergänglichkeit gerichtet war auch die Festschreibung gewisser Theoriestücke als Maximen. Er sprach bezeichnenderweise von Schibboleths (Erkennungswörtern, an deren Aussprache man Freund und Feind unterscheiden kann), von einer »heiligen Regel«. Wer sie, die Schibboleths, nicht alle gutzuheißen vermag, sollte sich nicht zu den Psychoanalytikern zählen, schrieb er 1923 (Freud 1923a, S. 223). In einer Umgebung, die Freud und seine Schüler als feindlich erlebten, schlossen sie sich in einem Akt der Selbstghettoisierung[1] – versammelt um einen Gründervater, der von sich sagte:

---

1 Hier wiederholt sich alttestamentarische Tradition: »Seid gemäßigt –, schafft Euch viele Schüler und baut einen Turm um die Theorie« (Sprüche der Väter). Sie klingt auch in der Entstehungsgeschichte des »Komitees« an. Freud berief 12 Schüler in dasselbe und verband sich mit ihnen dadurch, daß er jedem von ihnen einen Ring mit einer antiken Gemme schenkte, wie er ihn trug. Seine Gemme zeigte das Haupt des

»Die Psychoanalyse ist meine Schöpfung« (1914) – von der Welt ab.[2] Als Begründer der Psychoanalyse fürchtete Freud ebenso wie der andere große Erneuerer des 19. Jahrhunderts, Karl Marx, daß seine Idee nur überleben könne, wenn er sie – wie jener vor ihm – durch eine »Internationale«, eine autoritär-hierarchisch verwaltete Organisation, schütze. Das Gegenteil ist in beiden Fällen eingetreten. Zwar hat die »Psychoanalytische Internationale« internationale Macht gewonnen, aber Freuds Ideen wurden dieser Macht und ihrer Erhaltung weitgehend geopfert. Die Funktionen, die ihr einmal Sinn gegeben haben – eine aufklärerische, gesellschaftskritische Wissenschaft am Leben zu erhalten –, übt sie nicht mehr aus. Sie ist anachron geworden (Erdheim 1987). Was in ihr überlebt hat, ist die »gefesselte Psychoanalyse«.

Die hier sichtbar werdende Organisationsstruktur entspricht derjenigen, die Popper in den Begriff der »geschlossenen Gesellschaft« gefaßt hat (Popper 1942).

Zeus. In Matthäus 9.9 und 10.3 heißt es: Jesus berief den Zöllner von Kafernaum in den Kreis der Zwölf.

2 Erikson ironisierend dazu: Die Psychoanalyse sei Freuds Kopf entsprungen wie »Athene aus dem Haupte des Zeus« (Erikson 1957, S. 80).

Die psychoanalytische Ausbildung zwischen
Berufsschule und Priesterseminar

Die psychoanalytische Gemeinschaft hat dieses Erbe bis heute nicht aufgearbeitet, sich ihrer Geschichte nicht gestellt. Jetzt ist sie gezwungen, sie zu wiederholen.

Zwei Momente aus der psychoanalytischen Geschichte seien heute noch wirksam, sagte Knight in seiner Ansprache als Präsident der APA: schülerhafte Anhänglichkeit im Rahmen eines »Personenkultes« und die Idee der psychoanalytischen Bewegung als eines politischen Machtinstruments (Knight 1953, S. 211; im gleichen Sinne äußerte sich sein Vorgänger in seiner Ansprache als Präsident der APA: Cooper 1984).

Die institutionalisierte Psychoanalyse stellte das Ausbildungssystem an dem Tage, an dem sie es bürokratisch zu organisieren begann – am Berliner Psychoanalytischen Institut (BPI) 1925 – sofort in den Dienst dieses »geschlossenen Systems«, der »Kirche«, wie Graf und Sachs sagten. Zu dessen Eckpfeilern wurden das Zulassungsverfahren, die Lehranalyse und das Curriculum. Das *Zulassungsverfahren* zeigt die Merkmale priesterseminaristischer Ausbildung (Kernberg 1984): Der Bewerber muß sich Interviews stellen, die nicht formalisiert sind, und ist demzufolge der Willkür des Befragers ausgeliefert. Bei Mißbrauch kann er sich an keine übergeordnete Beschwerdestelle wenden. Es gibt sie nicht. Die ideologische Grundlage dieser Initiation wird von der Vergeblichkeit aufgedeckt, die allen Versuchen beschieden war und ist, sie zu ändern. Auch Anna Freuds Autorität erwies sich demgegenüber als machtlos: Das Verfahren lasse sich nicht »mit dem Respekt vor der Persönlichkeit des Kandidaten vereinen«, stellt sie fest (A. Freud 1966, S. 227 f.). Ein weiteres Merkmal für den Ideologiecharakter ist die Tatsache, daß seine Effizienz in den siebzig Jahren seiner Anwendung nie wissenschaftlich nachgeprüft wurde, also auch bis heute nicht erwiesen ist.[3] Balint ist

---

3 Der Wert der Selektion entspricht dem Gesetz des Zufalls: 50% richtige Prognosen, 50% etwa Fehlprognosen, zählt man den Kandidatenschwund in den Lehranalysen dazu.

aufgefallen, daß es für den Zeitraum bis zum Ende des zweiten Weltkrieges keine Publikationen gibt, die sich mit der persönlichen Qualifikation des Bewerbers für die Zulassung zur Ausbildung beschäftigen (Balint 1947). Die Folge davon ist, daß nach einer »primitiv-physiognomischen Methode« (Bernfeld 1962, S. 450) ausgewählt wird, nach der Methode: he is like me – not like me. Die Beobachtung Balints heißt nicht, daß man sich nicht mit Selektionsfragen beschäftigt hätte. Dies geschah durchaus, aber »hinter verschlossenen Türen«.

Wo liegt die Verbindung zwischen den Mängeln des Verfahrens und der Krise der Institution? Sie liegt darin, daß das Selektionsverfahren ein Pseudo-Selektionsverfahren ist und dementsprechend keine Gewähr für die Qualität der Zugelassenen bietet. Anna Freud bemerkte: »Der Typus, den die heutigen [1972] Lehrinstitute bevorzugen, ist angepaßt, eher realitätstüchtig und arbeitssam als weitschauend und schöpferisch in seiner Veranlagung« (A. Freud 1972, S. 21). Hanns Sachs sah die Folgen für den Beruf des Analytikers weit schwerwiegender: »Es ist paradox, daß es eine Gruppe gibt, die ungeeignet für den Beruf des Analytikers sein soll, weil sie zu wenig psychoneurotische Symptome aufweist. – Ihre Freiheit von auffälligen neurotischen Symptomen hängt von einer starken Verdrängung ab und hat in ihrem Gefolge eine Unfähigkeit, das Unbewußte zu erreichen und seine Äußerungen zu verstehen ... Es ist kaum notwendig hinzuzufügen, daß diese Abgeschlossenheit von ihrem eigenen Unbewußten jedes wirkliche Verstehen des Unbewußten von anderen ausschließt« (Sachs 1947, S. 157). Er stellte die Frage, warum man sie für einen Beruf ausbilden wolle, für den sie jetzt und wahrscheinlich nie besonders gut ausgestattet seien. Freud fügte dem Mitte der zwanziger Jahre lapidar hinzu: »Die Braven sind nichts wert und die Unartigen gehen fort« (Roazen 1976, S. 301).

Trotz dieser Warnungen wird das Verfahren bis heute beibehalten. Es erklärt die große Zahl von »Normopathen« (Bird 1968), von »Imitationskandidaten« (Gaddini 1984) und von »dull-normal people« (Kernberg 1984, S. 23), die das Zulassungsverfahren zum Schaden des Berufes und zum Schaden der psychoanalytischen Wissenschaft passieren. Hier besteht eine klare Beziehung zum niedrigen wissenschaftlichen Niveau der psychoanalytischen Vereinigung (siehe unten S. 18 und 19).

Weit mehr noch als das Zulassungsverfahren dient die *Lehranalyse* den Zwecken der »Kirche«. Freud selbst war es, der ihr diesen Zweck zugewiesen hat: die Lehranalyse[4] solle eine weitgehende Egalisierung der »persönlichen Gleichung« des Analysanden herbeiführen, »so daß eines Tages eine befriedigende Übereinstimmung« unter den Analytikern erreicht sein werde (Freud 1926e, S. 250). Die ursprünglich zweckmäßige Idee, eine den spezifischen Bedürfnissen des Analytikerberufes entsprechende Lehr-Lern-Methode zu entwickeln, wurde von dieser Absicht konterkariert (Cremerius 1989). Schließlich entartete sie dazu, »aus unabhängigen Kandidaten begeisterte Proselyten« (Balint 1947, S. 326), »gläubige Analytiker« (Wildlöcher 1983) zu machen. Sie bekam damit das, was sie Sachs zufolge brauchte, nämlich etwas, »was dem Noviziat der Kirche entspricht« (Sachs 1930).

Kritische Stimmen heutiger Autoren zeigen an, daß die alte Intention, die Lehranalyse zur Indoktrination zu mißbrauchen und sie ihrem Zweck zu entfremden, fortbesteht. Balint beschrieb 1947 die Lehranalyse als einen Initiationsritus, der wie alle Initiationsriten das Ziel habe, den Neuling zu zwingen, sich mit dem Clan zu identifizieren (Balint 1947). Andere Autoren stimmten in diese Kritik ein: 1950 wiederholte Anna Freud ihre bereits 1938 geäußerte Kritik an ihr. Sie sei eine »non rite Analyse« (A. Freud 1938/1950) oder, wie sie 1976 schärfer formulierte, »eine wilde Analyse« (A. Freud 1976, S. 2805), die deshalb zu schlechten Ergebnissen und zu unaufgelösten Übertragungsbindungen führe (1938, 1950). 1962 bezeichnete Bernfeld die Lehranalyse als »nicht-Freudsche Analyse« (Bernfeld 1962); es folgten McLaughlin 1967, der sich fragte, »aus welchen Motiven wir so beharrlich an einem Modell festhalten, das wir ansonsten als unanalytisch bewerten?« (McLaughlin 1967), und Limentani (damals Präsident der IPV): »Dadurch, daß wir jemanden in eine sogenannte Lehranalyse nehmen, verüben wir einen vernichtenden Angriff auf das Setting, ganz abgesehen davon, daß wir Übertragungs- und Gegenübertragungsprobleme schaffen« (Limentani 1986). Eissler erkannte in ihrem Unterwerfungscharakter das Motiv der »symbo-

---

4 1918 beantragte Nunberg auf dem Kongreß in Budapest – von Freud dazu angeregt –, daß jeder Analytiker eine eigene Analyse durchmachen *solle*. Erst 1926 wurde der Antrag, gegen gewisse Widerstände, auf dem Homburger Kongreß aufgenommen. Seitdem existiert der Begriff »Lehranalyse«.

lischen Sohnestötung« (Eissler 1969). Entgegen diesen Stimmen ist die Lehranalyse in der alten Form immer mehr verfestigt worden, und dadurch, daß sie immer mehr verlängert wurde (heute dauert sie tausend und mehr Stunden mit fünf bis vier Wochenstunden, bis 1933 nur ein bis eineinhalb Jahre), wächst die Gefahr, daß die genannten Schäden – Indoktrination, Erfolglosigkeit und unaufgelöste Übertragungsbindung – weiter zunehmen.[5]

Wo ist die Verbindung zwischen diesen Mängeln der Lehranalyse und der Krise der Institution? Zum einen läßt die infantile Bindung, der unaufgelöste ödipale Komplex mit seiner ambivalenten Gefühlsbeziehung, kein vorurteilsfreies Denken, kein freies Wählen zu (wenn der Ödipuskomplex nicht bearbeitet ist, sinkt das Erkenntnisvermögen): Diese Denkhemmung erschwert die Ausbildung einer wissenschaftlichen Gesellschaft, die die institutionalisierte Psychoanalyse ja auch sein will. (Anders gesehen, kommt über sie die »Kirche« wieder zu ihrem Recht: eingeschränkte Denkfähigkeit nutzt dem Glauben.) Auf dieses Problem hatte Anna Freud bereits 1938 hingewiesen und unaufgelöste Übertragungen (zum Lehranalytiker) als Ursache für die fehlende wissenschaftliche Einstellung der Kandidaten erkannt (A. Freud 1938/1950). Diese Einschränkung wissenschaftlich-kritischen Denkens spiegelt sich in dem niedrigen wissenschaftlichen Niveau der IPV wieder: Nach 40jährigem Bemühen vieler namhafter Analytiker, stellt Wallerstein fest, sei keine Bewegung auf wissenschaftliche Entwicklung hin eingetreten (Wallerstein 1991). Die von der IPV eingesetzte Kommission, die klären sollte, wieso »es

---

5 Balint faßte die Situation wie folgt zusammen: »Auf seiten der Unterrichtsausschüsse und der Lehranalytiker beobachten wir Geheimhaltung ihres esoterischen Wissens, dogmatische Verkündigung unserer Forderungen und autoritäre Techniken. Auf seiten der Kandidaten ... beobachten wir willige Annahme der esoterischen Legenden, Unterwerfung unter die dogmatische und autoritative Behandlung ohne viel Protest. Wir wissen, welches Ziel alle Initiationsriten haben; sie sollen den Neuling zwingen, sich mit dem Clan zu identifizieren. Was wir bewußt bei unseren Kandidaten zu erreichen beabsichtigen, ist dagegen, daß sie ein starkes, kritisches Ich entwickeln. Ganz im Gegensatz zu diesem bewußten Ziel trägt unser eigenes Verhalten als Lehranalytiker Züge und läuft unser Ausbildungssystem darauf hinaus, daß es beim Kandidaten unweigerlich zu einer Schwächung dieser Ichfunktionen führt« (Balint 1947, S. 317).

an neuen psychoanalytischen Erkenntnissen in den zentralen Bereichen analytischen Wissens mangele« (Kohut 1969), arbeitete ergebnislos. Heraus kam kein Mehr an wissenschaftlichen Impulsen, an Freiheit der Lehre und Öffnung der Institute zu den Nachbarwissenschaften, sondern noch mehr Enge, vor allem in bezug auf die Auswahlkriterien im Ausbildungsgang (Kohut ebd.; vgl. auch Kohut 1973/75). Diese Klage ist alt, schon 1957 stellte Franz Alexander diesen Mangel fest (Alexander 1957). Bemerkenswert ist, daß Wallerstein, aber auch andere wie Edelson (Edelson 1988) und Kernberg (Kernberg 1993), die von einem wissenschaftlichen Defizit sprechen, die Beziehung zwischen dem wissenschaftlichen Tiefstand und der Lehranalyse nicht ausdrücklich herstellen. Klauber scheint eine Ausnahme zu sein. »Die Identitätsbildung des Analytikers erfolgt nach dem Muster der religiösen Konversion« (Klauber 1980). Wie sehr dies zutrifft, zeigt der Einzug der Kohutschen Ideen Anfang der siebziger Jahre in die BRD. Sie erzeugten »eine Art Erweckungsbewegung«, die ganze analytische Zentren »epidemieartig« ergriff (Jappe 1983). – Eine andere Verbindung zwischen der Lehranalyse, der »wilden Psychoanalyse« und der Krise der Institution zeigt sich in den permanenten Spaltungs- und Abfallbewegungen, die den Weg der internationalen psychoanalytischen Gemeinschaft begleiten.[6] Sie haben ihren Ursprung in den Lehranalysen, in denen ein wesentlicher Teil der Analyse, die Durcharbeitung von Aggression, von Wut und Neid, nicht möglich ist, weil der Lehranalytiker zugleich der Repräsentant der Institution ist, in die man hinein will.[7] Von ihm hängt – realiter oder phantasiert –

6 Die Abfall- und Spaltungsbewegungen reichen von Jung, Adler, Stekel, Max Graf, Otto Gross bis zu Melanie Klein, Horney, Radó, Sullivan, Fromm, Kohut. Der religionskriegsartige Charakter, mit dem sie manchmal ausgetragen wurden, belegt, daß es hier um den wahren Glauben, nicht um Wissenschaft ging. Ich denke insbesondere an den Kampf zwischen Anna Freud und Melanie Klein, in dem beiden Kämpferinnen jedes Mittel recht war (vgl. Steiner 1985).

7 Als Beispiele für den Haß des Lehranalysanden auf seinen Lehranalytiker verweise ich auf Ernest Jones, der seinen Lehranalytiker, Ferenczi, lebenslang schädigte: »Ein kleiner, feiger Prospektemacher« (Balint 1958), der am Ende seines Lebens psychotisch gewesen sei (Jones 1957, S. 214). Umgekehrt verfolgten Lehranalytiker ihre Analysanden. Dieses Schicksal traf Margaret Mahler. Ihre Lehranalytikerin, Helene Deutsch,

die Aufnahme in sie ab.[8] Die Angst, ihn durch eine negative Übertragung zu verstimmen, ist demnach als solche verständlich. In vielen Ländern ist sie Realangst: in fünf Mitgliedsgesellschaften der IPV (Barcelona, England, Dänemark, Norwegen, Wien) greift der Lehranalytiker immer noch, wie nach 1925 am Berliner Psychoanalytischen Institut üblich, in die Entscheidungen des Ausbildungsausschusses ein. Er steuert seine Beurteilung hinsichtlich des Fortschrittes der Analyse und der Eignung des Kandidaten bei. Diese Berichte erfolgen entweder halbjährlich oder ad hoc. Noch 1994 diskutiert die Europäische Konferenz über Ausbildungsfragen, ob der Lehranalytiker Bericht erstatten solle, dürfe oder nicht.

Die unaufgelöste Übertragungsbeziehung zum Lehranalytiker hat in der Regel zwei typische Ausgänge: Auflehnung, Protest, Trennung oder Identifizierung. Letztere ist die Ursache der von Balint so genannten »Clan-Bildung« um den Lehranalytiker.

Und schließlich trägt das Übergewicht an Selbsterfahrung an den Instituten, das heißt das Übergewicht an Lehranalyse (pro Woche vier Stunden plus Wegezeit über fünf bis sieben Jahre) notwendigerweise dazu bei, daß die Selbstghettoisierung der Institute zunimmt, weil dieser Prozeß die Kandidaten von der Außenwelt abschließt und weil er den Rückzug in die Innenwelt fördert. (Ich stelle also einen ursächlichen Zusammenhang zwischen der Selbstghettoisierung der Psychoanalyse und der Lehranalyse her.) Beides ist einem offenen Institut mit lebhaften interdisziplinären Aktivitäten extrem erschwert. Dieser Rückzug in die Innerlichkeit erklärt, vermute ich, auch das weltweit zu beobachtende nachlassende, vielerorts fehlende Interesse an Freuds kulturtheoretischen Schriften und an seiner Gesellschaftskritik. Dieses fehlende Interesse hat dazu geführt, daß die heutigen Analytiker (mit

brach ihre Analyse ab und meldete dem Unterrichtsausschuß, sie sei unanalysierbar (Stepansky 1989, S. 88). Hierhin gehört auch die tragische Distanzierung Freuds von seinem Analysanden Ferenczi. Er duldete, daß die Veröffentlichung von Ferenczis Wiesbadener Vortrag, den er nicht akzeptieren konnte, jahrelang verhindert wurde.

8 In Deutschland, wo die Zulassung zur Krankenkassenpsychotherapie nur über den Abschluß an einem von der Kassenärztlichen Bundesvereinigung zugelassenen Ausbildungsinstitut möglich ist (sehe ich von schwierigen anderen Zugangswegen ab), bedeutet das Mißglücken der Ausbildung die Verweigerung der Zulassung.

wenigen Ausnahmen; Parin, Richter) ungern zu gesellschaftlichen Fragen wie zu Fragen zum Zeitgeschehen Stellung nehmen (Parin 1978). Letzteres gilt als mit der Rolle des Analytikers unvereinbar: er deklariere damit seine politische, religiöse, weltanschauliche Privatmeinung, trete damit zum Schaden seines Patienten (Übertragungsprobleme) aus der geforderten Anonymität heraus.

Das ist gewiß nicht der einzige Grund des Schweigens. Vielmehr spiegelt diese Haltung des einzelnen die Tendenz der psychoanalytischen Gemeinschaft wider, sich nicht einzumischen, sich anzupassen: in den USA an die offizielle Medizin, in Deutschland nach 1933 an die deutsche Seelenheilkunde, in der Bundesrepublik an das Gesundheitswesen mit seinen Auflagen. Die IPV schwieg zum Vietnamkrieg und anderen Kriegen, zur Unterdrückung von Minoritäten (Negern und Homosexuellen), zum Verbot der Interruptio, zum Kinderelend (Gewalt an Kindern und sexuellem Mißbrauch von Kindern) und zum Jugendelend durch Arbeitslosigkeit. Adorno merkt dazu schon 1962 kritisch an, daß die Analytiker in den USA (und das gilt heute auch für Europa) der dort herrschenden prototypischen Kultur schon längst den Treueid geschworen und der Konventionalisierung der Psychoanalyse durch Selbstkastration den Weg bereitet hätten.

Freud hat diese Besorgnis der heutigen Analytiker nicht geteilt. Er hat öffentlich und unmißverständlich Stellung genommen gegen den Krieg (siehe die Unterzeichnung des Aufrufes gegen den Krieg von Henry Barbuse und Romain Rolland 1927), für den Frieden, für den Pazifismus (1917 und 1930), zur Religion (1930) und zum Sozialismus und Kommunismus (1930). Er war Vorstandsmitglied der österreichischen Sektion des 1905 von Helene Stöcker gegründeten »Bundes für Mutterschutz«, der sich bald »Bund für Mutterschutz und Sexualreform« nannte. Dessen Ziele waren es, die moralische und juristische Verurteilung unehelicher Mütter und Kinder, die männliche Doppelmoral und den Paragraphen 218 zu bekämpfen. 1908 veröffentlichte Freud in der Zeitschrift des Bundes »Mutterschutz« zwei Arbeiten: »Die kulturelle Sexualmoral und die moderne Nervosität« und »Über infantile Sexualtheorien«. 1927 veröffentlichte die Wiener Arbeiterzeitung ein Manifest, das dazu aufforderte, die Sozialpolitik der Sozialdemokraten zu unterstützen, vor allem die Reform der Steuergesetzgebung. Der Aufruf trug neben den Namen von Alfred Adler und Karl Bühler auch den von Sigmund Freud an der Spitze. – Eine Einschränkung ist hier jedoch nötig: Freud ist immer dann von diesem seinem Weg abgewichen, wenn er sein Lebenswerk in Gefahr sah. Als die Gefahr 1933 akut wurde, hoffte er durch absolute Neutralität das Berliner Psychoanalytische Institut retten zu können. In seiner Besorgnis ging er so weit, daß er sich dagegen aussprach, daß die Mitglieder der Deutschen Psychoanalytischen Gesellschaft (DPG) sich politisch betätigten, sei es in linken Gruppen (die DPG-Mitglieder, die Mitglieder des »Sozialistischen Ärztebundes« und der KPD waren, mußten sich daraufhin heimlich treffen und den politischen Teil ihrer Existenz im Untergrund leben; vgl. Jacoby 1983, Langer 1986) oder in dezidiert antifaschistischen Gruppen.

Auch im *Ausbildungsgang* selbst, im *Curriculum*, finden sich die Spuren der »Kirche«. Die unaufgelöste Beziehung zum Gründervater (hier wiederholt sich dasselbe wie zwischen Lehranalytiker und Lehranalysand) gestattet nicht, »die Psychoanalyse als Wissenschaft von der Seele zu betrachten«, sie zwingt dazu, »sie als Doktrin zu bewahren« (Knight 1953, S. 211). Solange dies der Fall ist, trifft der Satz von A. N. Whitehead auf sie zu: »A science which hesitates to forget its founder is lost« (zitiert nach Merton 1962, S. 3). Und dies ist wirklich der Fall: In der Ausbildung werden Freuds Schriften immer noch chronologisch gelesen, nicht kritisch vom heutigen Standpunkt her (Wallerstein 1989, S. 356). Sie werden nicht mit neueren Texten, wie denen von Schafer, George S. Klein, Peterfreund, Gill, Weiss und Sampson – alles ehrbare Mitglieder der IPV – konfrontiert; ich habe es noch in meiner Ausbildungszeit erlebt, daß Freuds Krankengeschichten als Lehrstücke gelesen wurden und nicht, wie es notwendig wäre, »gegen den Strich«; an vielen Ausbildungsinstituten wird heute noch semesterlang »die Akrobatik der Energieumwandlungen geübt, als ob diese Dinge eine direkte Bedeutung für die klinische Arbeit hätten« (Sandler 1983, S. 582). Ein weiterer Mangel ist der, daß Freuds Schriften fast ausschließlich als Vorbereitung auf die Praxis studiert werden. Ihr Theoriegehalt, ihre philosophische Substanz, wird nicht mehr herausgearbeitet. Gerade das, so Freud, sollte aber wichtig sein. Denn die Psychoanalyse sollte mehr sein als bloße Therapie der Neurosen, mehr als eine »Hilfswissenschaft zur Psychopathologie«. Sie sollte »der Ansatz zu einer gründlichen Seelenkunde« sein; »der Weg ins Weite, zum

Weltinteresse, ist ihr eröffnet« (Freud 1925d, S. 73). »Nicht als Therapie«, sagte er 1933, »wollte ich sie Ihrem Interesse empfehlen, sondern wegen ihres Wahrheitsgehaltes, wegen der Aufschlüsse, die sie uns gibt über das, was dem Menschen am nächsten geht, sein eigenes Wesen« (Freud 1933a, S. 169). Aber nicht nur sie, die »gründliche Seelenkunde«, wird vernachlässigt; dasselbe gilt für Freunds gesellschaftskritische Schriften, wie die Curricula der meisten DPV-Institute zeigen. Darin spiegelt sich der Verzicht der psychoanalytischen Gemeinschaft auf das gesellschaftspolitische Potential der Psychoanalyse wie ihre Angst, sich mit ihrer eigenen Geschichte in der Gesellschaft zu beschäftigen, wider. Erst sehr spät hat sie ihre Rolle während des Nazi-Reiches untersucht (Lohmann und Rosenkötter 1982). Vor der Aufhellung ihrer problematischen Vergangenheit tauchte das Thema »Nazi-Reich« in der DPV so gut wie gar nicht auf. Als ich meine Zweitanalyse in Zürich 1960 bis 1963 machte, wo damals mehrere deutsche Analytikerinnen und Analytiker ebenfalls eine Zweitanalyse machten, fiel den Schweizer Analytikern auf, daß das Thema des Faschismus in den Erstanalysen (alle damaligen Analysanden, die ich kannte, gehörten Jahrgängen an, die ihnen persönliche Erfahrungen mit dem Faschismus vermittelt hatten) kaum bearbeitet worden war. Aber auch heute noch findet dieses Thema kaum Beachtung, wie ich, selber Zweitanalysen durchführend, feststellen kann.

Kernberg beklagt, daß die psychoanalytische Wissenschaft durch die Beschränkungen der wissenschaftlichen Arbeit durch die Organisation der psychoanalytischen Institute verschlissen wird (Kernberg 1993).

Die psychoanalytische Institution
trägt Züge einer »Kirche«

> Wo aus Religionen Kirchen, aus politischen
> Ideen Parteien werden, wird der Erhalt der
> Institution wichtiger als das Bewahren der
> Funktionen, die ihnen anfänglich Sinn gege-
> ben haben.
> »Im Zeitraum weniger Jahre erlebte ich die
> gesamte Kirchengeschichte.«
> Max Graf im Rückblick auf seine Jahre mit
> Freud (1942)

Da ich des öfteren eine Analogie zwischen der Organisationsform
und dem Ausbildungssystem der IPV und der einer religiösen
Gemeinschaft, einer »Kirche«, festgestellt habe, sollte ich dieselbe
verdeutlichen. Wie schon oben (S. 13) bemerkt, besteht eine Ähn-
lichkeit zwischen Freud und den Gründerfiguren von »Kirchen«.
Er ist der Erschaffer der Lehre (»Die Psychoanalyse ist meine
Schöpfung«), ein charismatischer Führer, er hält die Psychoanalyse für die Wahrheit (»Wir sind im Besitze der Wahrheit«), er legt
Teile der Lehre als Schibboleths und als »heilige Regel« fest (»wer
sie nicht alle gutzuheißen vermag, sollte sich nicht zu den Psychoanalytikern zählen«), er hat ein missionarisches Sendungsbewußt-
sein: die von ihm persönlich analysierten Analytiker sollen die
Psychoanalyse als »Ortsgruppenleiter« in den großen Städten der
Welt vertreten; er wünscht eine »psychoanalytische Bewegung«,
eine psychoanalytische Internationale, die garantieren soll, daß
der Öffentlichkeit »echte Psychoanalyse« angeboten wird, daß
diese »vor Nachahmungen« geschützt wird und als Zentralstelle
in der Auseinandersetzung mit dem »Gegner« dient (Brief an Eugen Bleuler 1910, in: Clark 1979, S. 331 f.); zur Sicherung dieser
»Bewegung« gründet er ein Komitee, das sein Werk in der Zeit
nach seinem Tode verteidigen soll. Die Existenz und das Wirken
desselben müsse streng geheim bleiben; er organisiert ein Ausbildungssystem, in dessen Mittelpunkt eine Methode, die Lehranalyse, steht, deren Ziel es sein soll, »eine befriedigende Übereinstimmung unter den Analytikern herzustellen«. Gemeint ist die
Produktion von Proselyten. Hanns Sachs hat die Situation der
Mitglieder der psychoanalytischen Bewegung wie folgt beschrie-

ben: Sie unterlagen strengsten Auflagen, Vorschriften und Einschränkungen. »Alles von den kleinsten Einzelheiten der täglichen Routine bis zu den gewichtigsten Entscheidungen wurde durch sein [Freuds] Diktat bestimmt« (Sachs 1945, S. 70). Eitingon gibt als Ziel des Vereins an, daß er das »von unserem Meister Geschaffene, – vor zu frühen Vermengungen und sogenannten Synthesen mit anderen Gebieten und anders gearteten Forschungs- und Arbeitsmethoden zu behüten« habe (Eitingon 1925, S. 516).

Wenn Wissen dogmatische Gewißheit wird, muß Abweichung unterdrückt und verfolgt werden. Freud und seine Schüler achten darauf, daß Abweichler als solche erkannt und der Apostasie überführt werden: An Sabina Spielrein schreibt Freud, nachdem diese Mitglied der Wiener Psychoanalytischen Vereinigung geworden war: »Wenn Sie bei uns bleiben, dann müssen Sie auch drüben [bei Jung] den Feind sehen« (Cremerius 1986); Max Graf, der Vater des »kleinen Hans«, schreibt, daß »Freund darauf bestand ..., daß einer, der Adler folgte ..., kein Freudianer mehr sei« (Graf, 1942, S. 473). Die Reihe derer, die der Apostasie überführt wurden, ist lang. Auch alte, treue Schüler wie Ferenczi ereilte dieses Schicksal. 1927 traf es auch Melanie Klein. Freud: »Ihre Ideen stehen im Widerspruch zu allen meinen Voraussetzungen ... Ihren Deutungen ... bestreite ich die Rechtfertigung« (Steiner 1985, S. 31 und 39). Und dieses Verdikt sollte mit ihrem Ausschluß aus der IPV enden: so der Antrag Anna Freuds und ihrer Freunde 1945, der aber abgelehnt wurde.

Kirche ist die IPV auch nach den Gründerjahren geblieben: die Organisationsform der Vereinigung ist immer noch autoritär-hierarchisch (siehe unten, S. 27, zum »Altenburger Papier«); die Lehranalyse findet weiterhin im Rahmen der Ausbildung statt und in mehreren Ländern unter Observierung und geheimer Berichterstattung; das Prinzip der Geheimhaltung dauert an. Immer noch werden Beschlüsse über Kandidaten hinter verschlossenen Türen gefaßt; bis zum Jahre 1983 durften an den Vorkongressen über Ausbildungsfragen nicht alle Lehranalytiker teilnehmen. Der Kreis der Eingeladenen war auf wenige Delegierte beschränkt. Kriterien für die Auswahl kannte nur das einladende Komitee; die psychoanalytischen Publikationsorgane von Rang haben ein Komitee von Gutachtern, das gegenüber dem Einsender von Manuskripten geheim bleibt. Die Gutachter kontrollieren, was gedruckt werden darf, was nicht, ohne dem Einsender die Gründe ihrer Entscheidung mitzuteilen[9]; wie bei einer Geheimsekte finden analytische Kongresse unter strengem Ausschluß der Öffentlichkeit statt. Nur Mitglieder und Ausbildungskandidaten, ferner einige von bekannten Analytikern empfohlene Gäste können teilnehmen. In quasi religiöser Abwehr gegen alles Fremde, in einer quasi phobischen Verweigerung der Rezeption von Ergebnissen anderer Wissenschaften lebt die Psychoanalyse immer noch in einem Zustand der Selbstghettoisierung.

Die Folge dieser Haltung ist eine ablehnende Reaktion der Wissenschaftler gegenüber der Psychoanalyse. Mit demselben Argument, mit dem Eugen Bleuer 1910 auf Freuds Werben antwortete: »Für mich ist diese [Ihre] Theorie nur eine neue Wahrheit unter anderen Wahrheiten« – Freuds Prinzip des »Alles oder nichts« sei »für religiöse Sekten und politische Parteien notwendig, aber schädlich für die Wissenschaft« (Alexander und Seleneski 1965, S. 6) –, antworten auch heute noch Wissenschaftler, wenn die IPV mit ihnen ins Gespräch kommen will. Jaspers war einer von ihnen (Jaspers 1951).

Religiöse Strukturen sind kritikresistent, sowohl gegen Kritik von außen wie von innen. Das mußte selbst der Begründer dieser Struktur, Freud selbst, erfahren, als er 1927 gegen den Ausschluß von Laien aus der psychoanalytischen Gemeinschaft protestierte. Brill drohte ihm mit Abbruch der Beziehung, Freud mußte nachgeben – im Interesse derselben Gemeinschaft, die gerade dabei war, sie zu zerstören (Cremerius 1986). – Wo keine Kritik möglich ist, gibt es auch keine Beschwerdestelle: Alle Entscheidungen über Zulassung, Fortgang und Abschluß der Ausbildung, klagt die Kandidatenversammlung der IPV, seien vage und ungenau, und es gebe keine Wege der Rechtshilfe gegen Übelstände (Franzen 1982; siehe auch Speier 1983). Kernberg beschreibt, daß in den IPV-Ausbildungsinstituten eine »paranoide Atmosphäre« herrsche, eine stete »Androhung von Verfolgung« (Kernberg 1984, S. 561). Eines der ersten bekanntgewordenen Beispiele von Schutzlosigkeit des Ausbildungskandidaten bietet der schon er-

---

9 Geheimhaltung geht leicht in Zensur über. Beispielhaft dafür zitiere ich die erste Edition der Fließ-Briefe: Die Herausgeber nahmen Kürzungen vor, ohne sie zu benennen, nahmen nur 168 der 284 Briefe auf, ohne das Selektionsprinzip anzugeben.

wähnte Fall Margaret Mahler: Als ihre Lehranalytikerin, Helene Deutsch, ihre Analyse abbrach, weil sie »unanalysierbar« sei, war sie diesem Urteil schutzlos ausgeliefert und mußte ihre Ausbildung abbrechen (Stepansky 1989, S. 88).

Und noch eine Parallele zwischen Kirche und IPV: Wie dort gelangen Frauen nicht in die höheren Führungspositionen. Seit der Gründung der IPV 1910 ist erst einmal eine Frau, und diese nur ersatzweise für einen ausgefallenen Mann und kurzfristig, Präsident der Vereinigung gewesen. Die Dominanz der Männer spiegelt sich eindrucksvoll im Verhältnis der männlichen zu den weiblichen Lehranalytikern in der DPV wieder: 75% Männer zu 25% Frauen.

Schließlich setzt sie, wie die Kirche, Zwangsmaßnahmen ein. Das muß sie, will sie die Glaubensgemeinschaft und das sie tragende Ausbildungssystem erhalten: Da ist die Ausschlußdrohung gegenüber Lehranalytikern: Lehranalytiker, die Anzeichen bedeutsamer Abweichungen von der psychoanalytischen Theorie und Praxis zeigen, müssen dies selber melden oder sollen von anderen gemeldet werden, damit sie von ihrer Tätigkeit entbunden werden (Altenburger Papier, 1985). Da ist die »Unvereinbarkeitsklausel«: »Die Mitwirkung an gesonderten Weiterbildungsgängen zum Erwerb der Zusatzbezeichnung Psychoanalyse ist mit den Vereinszwecken der DPV nicht vereinbar« (Beschluß der Generalversammlung der DPV, 1986). Diese Sätze stehen nicht nur auf dem Papier. Dem Präsidenten der IPV, Sandler, sei es, stellt Fonagy fest, während seiner Amtszeit als Präsident wichtig gewesen, immer wieder auf die Gefährdungen der psychoanalytischen Identität durch die Beteiligung von Analytikern der IPV an psychotherapeutischen Ausbildungsformen und psychotherapeutischen Berufsverbänden hinzuweisen (Fonagy 1993). (Ist es nicht verleugnend, wenn DPV-Analytiker mit Psychotherapie ihr Geld verdienen, aber Psychotherapie aus Identitätsgründen nicht vermitteln dürfen?) Bewahrt hat die IPV auch die erste von ihr 1925 eingesetzte Zwangsmaßnahme und praktiziert sie noch heute weiter, nämlich die Zwangsmitgliedschaft (Wittenberger 1987). Nach ihr wird man nicht Analytiker durch eine abgeschlossene psychoanalytische Ausbildung an einem IPV-Institut, sondern durch die Mitgliedschaft in der IPV, die man automatisch mit dem bestandenen Kolloquium erhält. Das heißt: man muß. Lehnt man die Koppelung ab, muß man ausdrücklich erklären, daß man nicht

Mitglied werden will. Loch stellt fest, daß ein Analytiker seine Identität als Analytiker nur durch äußere Sanktionierung, den Eintritt in die psychoanalytische Gemeinschaft, d. h. in die IPV, erhalte (Loch 1974, siehe auch Sandler 1989, hier S. 38).

Als Wissenschaft hat die Psychoanalyse in dieser Organisationsform keine Zukunft. Für eine Wissenschaft sind Theorien nur Vorschläge, wie man die Dinge betrachten könnte. Diese Sichtweise kann sie als Glaubensgemeinschaft nicht teilen. Als solche braucht sie Metaphern, Symbole, metatheoretische Spekulationen »jenseits des Bereiches von empirischer Forschung«, mit denen wir leben als »unseren – Glaubensartikeln« (Wallerstein 1988).

Die institutionalisierte Psychoanalyse trennt sich von den psychoanalytischen Grundannahmen

> Die institutionalisierte Psychoanalyse zerstört,
> was sie bewahren wollte.
> »Ich habe den Feind gesehen, und er ist wir« (Golding)

Die psychoanalytische Institution hat sich in einem Purifikationsprozeß sondergleichen ihrer eigentlichen Funktionen entledigt und Freuds Forderung, eine emanzipatorisch aufklärerische Wissenschaft zu sein, weit hinter sich gelassen: Psychoanalyse kann Autorität in der Welt nur behalten, schrieb Freud programmatisch in »Die zukünftigen Chancen der psychoanalytischen Therapie«, wenn »wir uns kritisch gegen die Gesellschaft« verhalten (Freud 1910d, S. 111), und 1921 fügt er dem hinzu, daß die Psychoanalyse in Opposition stehen müsse »gegen alles konventionell Eingeschränkte, Festgelegte und allgemein Anerkannte« (Freud 1941d [1921]), daß sie den Frieden der Welt stören müsse (Freud 1916/1917, S. 295).

Statt dessen trennt sie sich in einem »Bereinigungsverfahren« (Parin 1986) gerade von dem, was ihr oppositioneller Kern ist:
– vom Ärgernis des Sexuellen, der Triebtheorie;
– von der »emanzipatorischen Sendung der Psychoanalyse« (Parin 1978, S. 655). Freuds Kulturtheorie und Gesellschaftskritik werden im Curriculum der DPV-Institute kaum noch behandelt. Die Begriffe Kultur und Kulturkritik tauchen in psychoanalytischen Vokabularen und Monographien nicht auf;

– von den die Neurose (mit) bedingenden und fördernden gesellschaftlichen Faktoren. An ihre Stelle treten Faktoren, wie ange-
borene Qualitäten (Melanie Klein) oder die Zufälligkeiten früh-
kindlicher Konstellationen in den ersten Lebensmonaten: die
Mutter als Schicksal (Kohut). Jetzt ist die Gesellschaft entlastet.
Denn wenn das Schicksal des Menschen in den ersten beiden
Lebensjahren determiniert wird, dann verliert die Sexualent-
wicklung bis in die Adolszenz hinein an Bedeutung;
– von Freuds Theorie der Objektbeziehung. Seine »erschrek-
kende« Feststellung, daß der Trieb nicht ein spezielles Liebesobjekt, ein »Du« sucht, sondern ein »Sexualziel« beliebiger Art,
wenn es nur die sexuelle Spannung löst;
– von der Laienanalyse, für Freud ein unerläßliches Stück seiner
Vorstellung von der psychoanalytischen Gemeinschaft. Und
dies aus gutem Grunde. Er wünschte, daß die psychoanalytische Gemeinschaft im Strombett der europäischen Geistesgeschichte verbleibe, daß in ihren Ausbildungsinstituten – er
spricht von »psychoanalytischen Hochschulen« – Philosophie,
Religionspsychologie, Ethnologie, Literaturwissenschaft etc.
gelehrt würden. »Ohne eine gute Orientierung auf diesen Gebieten steht der Analytiker einem großen Teil seines Materials
verständnislos gegenüber« (Freud 1926e, S. 281). Werden
»Laien« zur Ausbildung zugelassen, bereichern sie die Lehrveranstaltungen durch ihre Kenntnis in diesen Fächern. (Ärzte als
Dozenten vermitteln selten Kulturtheorie). Freud versprach
sich von ihrer Präsenz ein Gegengewicht gegen den Medicozen-
trismus. Vielleicht erhoffte er sich über die so entstehende In-
terdisziplinarität auch ein Gegengewicht gegen die Isolation der
Institute. (Hier sehen wir Freud verstrickt in seinen Widerspruch.)[10]

10 Die Amerikanische Psychoanalytische Vereinigung (APA) ließ
»Laien« erst zur Ausbildung zu, nachdem sie durch Gerichtsbeschluß
– nach einem verlorenen Prozeß zur Verteidigung des Medizinermo-
nopols – dazu verurteilt wurde. Die DPV gab ihre Befürwortung der
Laienanalyse auf, als die KBV sie als nicht mit der Richtlinienpsycho-
therapie vereinbar erklärte.

Die Selbstzerstörung der Psychoanalyse
durch Fixierung auf eine anachrone Position

Selbstzerstörerisch ist die absichtliche Begrenzung der Therapie auf Mitglieder einer zahlungsfähigen Bildungsschicht ebenso wie der Ausschluß exogener Einwirkungen auf die Entwicklung von Neurosen; ein Aspekt, dem Freud große Bedeutung beimaß. Durch die Begrenzung schließt sie sich aus der gesellschaftlichen Wirklichkeit aus, wird anachron. Dadurch kann sie die gesellschaftlichen Veränderungen weder wahrnehmen noch in Beziehung zu ihrer Theorie bzw. zu ihrer Behandlungspraxis problematisieren. Der Ausschluß exogener Faktoren fixiert sie auf ein monokausales pathoätiologisches Modell, das der Wirklichkeit menschlicher Leidensverursachung nicht gerecht wird. – Hierhin gehört auch, daß die institutionalisierte Psychoanalyse die veränderten Beziehungen der Menschen zueinander und ihre veränderte Stellung in einer pluralistischen Welt der Lebensformen nicht wahrnehmen kann. Sie sieht die Welt noch mit den Augen des vorigen Jahrhunderts.

Die *klassenspezifische Analyse* verhindert, daß Analytiker Erfahrungen mit Patienten einer anderen Sozial- und Bildungsschicht machen, mit Patienten, die ihre Therapie nicht selber zahlen können oder für die ein Dritter (Versicherungsgesellschaft, Krankenkasse) zahlt.[11] Dazu Eissler: »Es würde die Vertrautheit des Analytikers mit sozialen Gruppen, die in seinem Gemeinwesen existieren, fördern, und es würde ihn vor seiner einseitigen Betrachtung der sozialen Strukturen und ihrer Auswirkungen auf den einzelnen schützen. Zudem würde es ihm ermöglichen, Erfahrungen mit Analysen zu machen, in denen das Honorar als motivierender Faktor keine Rolle spielt (weder für den Analytiker noch für den Patienten), dies könnte nicht nur zu einer Verfeinerung der psychoanalytischen Technik beitragen, sondern auch die Freiheit und Unabhängigkeit des Analytikers von den Belastun-

---

11 Wie eng der Erfahrungsbereich des Analytikers dadurch wird, verdeutlich die Tatsache, daß viele Analytiker die Analyse erst beginnen, wenn der Patient die Mittel für die gesamte Analyse durch Belege seiner Bank ausweisen kann (Kubie 1956; Menninger 1958). Schweizer Analytiker der Kleinschen Schule lassen sich (noch heute) jeweils für das kommende Jahr vorausbezahlen.

gen, die finanzielle Faktoren allmählich auf ihn ausüben könnten, erhalten und festigen ...« (Eissler 1974, S. 85). Ich füge dem hinzu, daß die Begrenzung auf den zahlungsfähigen Patienten die institutionalisierte Psychoanalyse auch dadurch beschädigt, daß sie sich damit von der Teilnahme an einer breiten psychotherapeutisch-psychoanalytischen Versorgung der Bevölkerung ausschließt. Sie verteidigt ein Zweiklassensystem, eine anachrone Position. Freud hatte sich diese Teilnahme 1919 für die Zukunft der Psychoanalyse gewünscht, eine psychoanalytisch fundierte »Psychotherapie fürs Volk« (Freud 1919a). Ich glaube, die Einengung auf den Privatpatienten und auf die hochfrequente Langzeitanalyse kann der psychoanalytischen Institution, die diese Art der Therapie zur Maxime erhebt, keine aussichtsreiche Zukunft garantieren.

Der *Ausschluß exogener Faktoren*, die Vernachlässigung sozialer Faktoren (von sozialem Elend, von Arbeitslosigkeit, von Hoffnungslosigkeit Jugendlicher ohne Zukunft, vom Persönlichkeitsverlust in der Mediengesellschaft etc.) und ihrer Wirkung auf die psychische Gesundheit reduziert die Psychoanalyse auf ein mono-ätiologisches Konzept. Diese Reduktion ist ein Produkt der rigiden Überbewertung des psychischen Faktors, des privaten Unbewußten, durch die institutionalisierte Psychoanalyse. 1963 forderte der Präsident der IPV auf deren Kongreß in Stockholm, die Analytiker sollten der Versuchung widerstehen, sich auf das soziale Gebiet zu begeben. Auf Freud konnte er sich dabei nicht berufen; für *ihn* war der soziale Faktor ein wesentliches Moment in der Pathoätiologie der Neurosen. Jenes mono-ätiologische Konzept erschwert das Verständnis für sozial geschädigte Patienten, in der Regel überwiegend Patienten aus einer niedrigeren Sozialschicht. Es verweist diese Patienten an andere psychotherapeutische Verfahren. Das trägt verstärkend zur elitären Position der Psychoanalyse bei, macht sie randständig in einer Welt, in der Psychotherapie immer mehr Teil eines immer umfassenderen Gesundheitsdienstes wird. Seitdem die auf die hochfrequente Langzeitanalyse fixierten Analytiker nicht mehr genug Patienten für diese Technik finden, sind sie gezwungen, Hilfe bei den Gesundheitsdiensten zu suchen. Das führt unmittelbar zur Auflösung ihrer bisherigen Behandlungtechnik sowie zur Inflation ihrer therapeutischen Zielvorstellungen.[12] Die Alternative, die der insti-

12 In der BRD, wo fast alle Mitglieder der DPV an der Krankenkassen-

tutionalisierten Psychoanalyse jetzt zu dämmern beginnt, heißt: entweder auf der elitären Position zu beharren oder der Eingliederung in eine allgemeine analytische Psychotherapie im Gesundheitswesen zuzustimmen. Beides sind keine aussichtsreichen Perspektiven für sie.

Besonders drastisch zeigt sich die Verweigerung – Freuds Angst vor Vergänglichkeit (Cremerius 1990b) – gegenüber *Ergebnissen der psychoanalytisch-psychotherapeutischen Therapieforschung.* Die unaufgelöste Übertragungsbeziehung zu Freud erlaubt ihr nicht, sich von der Fixierung an die sogenannte klassische Technik und ihre Spielregeln zu lösen: »Ihre Hauptzüge«, schreibt Greenson in dem Standardlehrbuch der psychoanalytischen Technik für die psychoanalytische Ausbildung, »die Freud 1910 bis 1915 niedergelegt hat, dienen noch immer als Basis der psychoanalytischen Praxis. In der allgemein praktizierten psychoanalytischen Technik haben sich keine anerkannten Veränderungen oder Fortschritte durchgesetzt« (Greenson 1967, S. 17). So denkt auch Anna Freud, wenn sie zehn Jahre später feststellt, daß die Ichpsychologie der zwanziger Jahre keine größeren Veränderungen der Technik mit sich gebracht habe.

Eingeschlossen in die Überzeugung, im Besitz einer zeitlos gültigen Behandlungsmethode zu sein (Freud: »Wir sind im Besitz der Wahrheit«), hält man es nicht für nötig, ihre Effizienz zu prüfen. Demzufolge stoßen Versuche namhafter Forscher, eine Effizienzforschung, eine vergleichende Psychotherapieforschung etc. in Gang zu setzen, auf Skepsis und vielerorts auf Ablehnung.

Mit dieser Einstellung manövriert sich die institutionalisierte Psychoanalyse in eine Falle: Mit ihrer Forderung nach Übernahme der Kosten für die psychoanalytische Behandlund durch die Krankenkassen und Versicherungsgesellschaften stößt sie auf Ablehnung, weil diese zuvor den Effektivitäts- und Effizienznachweis fordern. Der Hinweis auf Fälle, in denen Analyse geholfen habe, wird im Prinzip nicht bestritten, als Effektivitätsnach-

psychotherapie teilnehmen, d. h. sich an deren Regeln (niederfrequent, zeitlich begrenzt, Gutachterverfahren, Kriterien der Wirtschaftlichkeit und Zweckmäßigkeit etc.) halten müssen, hat sich die klassische psychoanalytische Technik, wie sie offiziell noch vertreten wird, bereits in eine analytische Psychotherapie wie jede andere verwandelt und wird von der IPV nicht mehr als analytische Technik anerkannt (Cremerius 1990a, 1992a).

weis aber nicht anerkannt. Für den Geldgeber geht es um Objektivierung, Reduktion des subjektiven Faktors und um Klärung der Frage, ob dasselbe Ergebnis nicht auch mit kürzeren, ökonomischeren Verfahren hätte erreicht werden können.

Selbstzerstörerisch ist drittens die fehlende Anstrengung, sich mit der *veränderten Stellung des Menschen in einer pluralistischen Welt der Lebensformen* auseinanderzusetzen, sie theoretisch einzuholen. (Hier zeigt sich erneut die bereits beklagte Verweigerung, die Erkenntnisse anderer Wissenschaften vom Menschen zu rezipieren, die Verweigerung des interdisziplinären Gesprächs.) Die Gesellschaft, wie Freud sie verstand, war hierarchisch-autoritär geordnet. Es gab Instanzen (Kaiser, Kirche, bürgerliche Wertvorstellungen), an denen sich der Mensch orientieren konnte. Heute stehen wir vor einer Vermannigfaltigung gesellschaftlich akzeptierter Lebensweisen und zugehöriger gesellschaftlicher Wert- und Normvorstellungen. Diese Vermannigfaltigung ist mit einem Verfall verbindlicher allgemeingültiger Leitbilder und zugehöriger moralischer bzw. religiöser Werte und Normen verbunden. Dieser Verfall korrespondiert mit dem Verschwinden von Führungs- und Steuerungsinstanzen (Fürstenau 1994, S. 40 ff.). Hier einige Beispiele für gesellschaftliche Veränderungen, die die institutionalisierte Psychoanalyse nicht aufarbeitet:

– die veränderte Stellung des Vaters in der Gesellschaft. An die Stelle einer hierarchisch-autoritär geordneten Gesellschaft ist die »vaterlose Gesellschaft« getreten;

– an die Stelle einer Gesellschaft, in der der einzelne selbstverantwortlich das Risiko des Lebens (Krankheit, Alter etc.) durch selbsttätige Vorsorge einschränken mußte, ist in den Ländern mit einem umfassenden Sozialdienst eine allgemeine Versorgungshaltung, eine, wie Mitscherlich sagt, »kollektive Mütterlichkeit« getreten, die infantil-passive Erwartungshaltungen provoziert[13];

13 Es ist bemerkenswert, daß zeitgleich mit dieser »kollektiven Mütterlichkeit« die Behandlungspraxis des »Haltens« (Winnicott) aufkommt, die Forderung, der Analytiker müsse wie eine Mutter um das Wohl des Patienten besorgt sein. Es ist erstaunlich, daß diese neue Technik nur als Variante der psychoanalytischen Technik gesehen wird, nicht aber in ihrer Beziehung zu den genannten gesellschaftlichen Veränderungen. Wieder wird das gesellschaftliche Skotom der institutionalisierten Psychoanalyse sichtbar.

- tiefgreifend verändert hat sich die Stellung der Frauen in der Gesellschaft. Sie suchen nach neuen Formen der Selbstverwirklichung und wehren sich dagegen, als »phallisch« pathologisiert zu werden, wenn sie aktiv fordernd um ihnen zustehende Positionen in der Gesellschaft kämpfen;
- Frauen lassen sich nicht mehr als »Mangelwesen« vom »Penisneid« her klassifizieren. Sie drehen das Freudsche Ursache-Wirkungsmodell um: was Freud ihre Natur nannte, verstehen sie als Folge gesellschaftlicher Repression;
- tiefgreifend verändert hat sich auch die Eltern-Kind-Beziehung, ebenso wie die Stellung des Kindes in der Gesellschaft. Die geschwächte Elternautorität hat noch keine Wege gefunden, neue Beziehungsformen zu entwickeln;
- partnerschaftliche Lebensgemeinschaft (Ehe), gelobt als Ichleistung und Anzeichen für die Fähigkeit zur Objektkonstanz, ist keine gesellschaftlich prämierte Wertvorstellung mehr. Zweckverbindungen wie die Lebensabschnittspartnerschaft werden an ihrer Stelle erprobt. Objektkonstanz ist kein Merkmal mehr für eine reife Ichorganisation; sie wird vielmehr als Ichschwäche, als Trennungsunfähigkeit gedeutet;
- war zu Freuds Zeiten Sexualität Privatsache, schamhaft verborgen, ist sie heute öffentlich;
- an die Stelle des Genitalprimats, der der prägenitalen Sexualorganisation übergeordnet sein sollte, ist der Primat der Prägenitalität getreten (der Film lebt vorrangig vom Kitzel derselben);
- lebt die Psychoanalyse noch von der Maxime »Wo Es war, soll Ich werden«, ruft die Gesellschaft nach deren Umkehrung: »Wo Ich ist, soll Es werden«.

Wenn die Psychoanalyse ihren Anspruch, eine Wissenschaft vom Menschen zu sein, weiterhin einlösen will, muß sie die gesellschaftliche Wirklichkeit, in der der Mensch heute existiert, in bezug zu ihrer Theorie reflektieren und Revisionen derselben in Gang setzen. Die Zukunft der analytischen Therapie wird davon abhängen, wieweit dies gelingt. Sollte es ihr nicht gelingen, wird sie an ihrer Anachronizität ihr Ende finden.

Die Verleugnung der Krise

Die Orthodoxie muß ihre Prinzipien ändern,
anstatt die Wirklichkeit zu ignorieren.

In der Stunde der Besorgnis, angesichts der »gefährlichen Veränderungen«, die »unsere Wissenschaft und unseren Beruf« betreffen, entsteht in der institutionalisierten Psychoanalyse keine Bewegung in Richtung auf eine Reform an Haupt und Gliedern.
Statt dessen delegiert sie die anstehenden Probleme an Kommissionen – Kommissionen zu Fragen der psychoanalytischen Technik, zum Unterschied zwischen Psychoanalyse und Psychotherapie, zur Klärung der Frage, warum neuere wissenschaftliche Erkenntnisse ausbleiben (siehe oben, S. 18 ff.), und zur Frage der
Unzulänglichkeit der Lehranalyse (siehe oben, S. 17 ff. und S. 25)
etc. Diese Kommissionen arbeiten jahrzehntelang, bis sie eines
Tages ergebnislos versanden.[14] Dann stehen neue Probleme an, es
müssen neue Kommissionen gebildet werden, und immer so fort.
Diese Aktivitäten erinnern an den Leerlauf Tinguelyscher Maschinen oder an den Satz von Lampedusa: »Wenn wir wollen, daß
alles bleibt, wie es ist, dann ist es notwendig, daß sich alles ändert.«

»Illusionen empfehlen sich dadurch, daß sie
Unlustgefühle ersparen und uns an ihrer Statt
Befriedigungen genießen lassen.« (Freud
1915b, S. 331)

Unfähig, adäquat auf die Krise zu reagieren, sucht die institutionalisierte Psychoanalyse den Ausweg in die Verleugnung: sie verweigert, die Lage zu sehen und zu akzeptieren. Anstatt sich mit

14 Hier ein Beispiel: Eine IPV-Kommission sollte die Beziehung zwischen Psychoanalyse und Psychotherapie klären. Es gelang ihr in jahrzehntelangem (von 1949 bis 1980) Bemühen nicht, den Unterschied
konsensuell zu definieren. »Wir sind«, stellt Wallerstein 1980 dazu fest,
»einer Antwort auf diese Frage in all den Jahren nicht näher gekommen« (zit. Klüwer 1980, S. 21). Dazu Sandler: »Die Differenzierungs-
anstrengungen blieben erfolglos, weil diese wichtigen Überlegungen
mehr unter taktischen und politischen als unter wissenschaftlichen Gesichtspunkten entschieden wurden« (Sandler 1989, S. 5).

der real existierenden Psychoanalyse auseinanderzusetzen, entschließt sie sich, an den Prinzipien, mit denen sie bisher den Verein verwaltet hat, festzuhalten. Das Ergebnis ist, daß eine Kluft zwischen dem entsteht, was realiter ist, und dem, was sie wünscht, das sein sollte. Mit diesem Rückzug in die Illusion lebt sie seit Jahren und erspart sich damit Unlust.

Unlust vermeidet die IPV dadurch, daß sie das Menetekel an der Wand, die Zeichen des Niedergangs, verleugnet. Die Zahl der Mitglieder sinkt in den USA ständig: die Amerikanische Psychoanalytische Gesellschaft (APA) hatte in den fünfziger Jahren einen Anteil von 60% an der IPV, heute nur noch einen von 33%. Die Zahl der Bewerber für eine psychoanalytische Ausbildung wie die Zahl der Ausbildungskandidaten sinkt ebenfalls ständig: In den letzten zehn Jahren erschienen 30% weniger Bewerber in den APA-Instituten. In San Francisco, einem alten, renommierten Ausbildungsinstitut der APA, befinden sich in den einzelnen Jahrgängen nur noch vier Kandidaten (Jahresbericht Psychoanalytisches Institut San Francisco, 1993); zwischen 1980 und 1990 wurden an den 36 Instituten der APA nur 68 Ausbildungskandidaten registriert (Cooper 1990). Hier ist auch die Situation in der Bundesrepublik zu nennen, wo sich durch die neue Facharztordnung die psychoanalytische Ausbildung aus den Instituten, auch der DPV, an die universitären Fachabteilungen verlagern wird[15]; auch in Holland und England trocknen die psychoanalytischen Ausbildungsinstitute seit Jahren zunehmend aus (van der Leeuw 1978; Groen-Prakken 1981 und 1984; Holder 1984). Besonders drastisch ist der Schwund der Mediziner, weil sie in fast allen Ländern auch ohne eine IPV-Ausbildung Psychotherapie/Psychoanalyse ausüben können. In den USA beträgt der Schwund 50% (Cooper 1984). Die Zahl der Kandidaten, die am Ende der Ausbildung das Institut verlassen, ohne Mitglied der IPV werden zu wollen, wächst vor allem in Amerika: am New Yorker Psychoanalytischen Institut sind es etwa 30% der Kandidaten. Dies ist auch in Deutschland der Fall, wo die Ärztekammern den Zusatztitel »Psychoanalyse« auch denen gewähren, die

---

15 Schon jetzt zeigt sich die Konsequenz der neuen Facharztordnung für die Zukunft der DPV-Institute: Die Zahl der Bewerber ist drastisch zurückgegangen – an einem der vierzehn Institute bereits auf einen einzigen Ausbildungsteilnehmer.

ihn ohne Diplom eines DPV-Institutes beantragen; die Zahl derer, die von einem DPV-Institut zu Instituten hinüberwechseln, an denen die Zulassungsbedingungen freier gehandhabt werden und die Forderungen an die Lehranalyse geringer sind, wuchs ständig.

In der Bundesrepublik werden die Lehrstühle für Psychotherapie, Psychoanalyse und Psychosomatische Medizin, die bis vor wenigen Jahren weitgehend mit DPV-Mitgliedern besetzt waren, jetzt mit Vertretern anderer Richtungen besetzt. Dasselbe stellt Wallerstein für die USA fest: Psychoanalytiker haben kaum noch eine Chance, auf einen psychiatrischen Lehrstuhl berufen zu werden (Wallerstein 1991a). – Viele psychiatrische Universitätskliniken waren früher daran interessiert, psychoanalytische Aspekte in die Facharztausbildung einzubauen. Heute tritt an deren Stelle die Verhaltenstherapie. Besonders drastisch zeigt sich der Prestigeverlust der Psychoanalyse in der psychiatrischen Facharztausbildung in den USA. Bestand sie noch 1970 zu etwa 50 bis 60% aus Theorie und Praxis der analytischen Psychotherapie, beträgt ihr Anteil heute nur noch 2^{1}/$_{2}$% (Wallerstein 1991a). Das hat unter anderem auch damit zu tun, daß die Absolventen nicht damit rechnen können, ihren Lebensunterhalt mit Psychoanalyse verdienen zu können. 50% selbst der Mitglieder der APA arbeiten nicht mehr in der analytischen Praxis (Sandler 1990), sie verdienen ihr Geld als Angestellte in Institutionen. Von 1500 Psychiatern, die jährlich ihre Ausbildung in den USA beenden, melden sich nur noch 109 zur psychoanalytischen Ausbildung an einem Institut der APA (Cooper 1990). Die antianalytische Stimmung in den USA zeigt sich auch darin, daß die verantwortlichen Redakteure die symptomatischen Neurosen und jede Terminologie, die mit Psychoanalyse zu tun hat, nicht in die Klassifikation der psychiatrischen Störungen des DSM aufgenommen haben.

Unlust vermeidet die IPV auch dadurch, daß sie die Folgen der unzeitgemäßen Institutsausbildung nicht reflektiert: Viele Absolventen derselben suchen – in eine Praxissituation gestellt, die Kenntnisse und Erfahrungen in Verfahren verlangt, die sie nicht gelernt haben, und in der das, was sie gelernt haben, nämlich die hochfrequente Langzeitanalyse, der seltene Sonderfall ist – Kenntnisse in einer zweiten Ausbildung außerhalb der IPV zu erwerben. Das führt beispielsweise in der Bundesrepublik, wie die Berichte der DPV-Mitglieder zu den Gutachtensanträgen der Patienten zeigen, zu einer Vermischung heterogener Theorien und Methoden, die als Konfusion in die therapeutische Arbeit eingeht.

Die Folge dieser Verleugnungen ist Handlungsunfähigkeit.

Ich werde jetzt an zwei Beispielen den Umfang der Illusionen deutlich machen, die notwendig sind, um Unlust zu ersparen.

Das erste Beispiel:

»Analytiker ist jemand«, sagt Sandler, »der durch unsre Ausbildungsinstitution ausgebildet wurde« (Sandler 1989). Dieser Satz stimmt nur dann, wenn zwei Voraussetzungen gegeben sind: erstens die, daß die IPV-Ausbildungsinstitute noch nach den Prinzipien der IPV ausbilden, und zweitens die, daß die Identität des Analytikers noch in Übereinstimmung mit den Paradigmata Freuds definiert werden kann. Ich werde zeigen, daß die erste Voraussetzung nicht mehr für alle Vereinigungen der IPV gilt und daß die zweite schon seit langem als nicht mehr gegeben angesehen werden muß. Das heißt, daß der Satz von Sandler tiefgreifende Veränderungen leugnet und auf diese Weise Unlust erspart.

In mehreren Ländern müssen die IPV-Ausbildungsinstitute Curricula anbieten, die sich nur noch zum Teil, wie in den USA (Cooper 1990), oder gerade noch, wie in der BRD, mit den Ausbildungskriterien der IPV decken. Nehmen wir den Fall der BRD, wo halbstaatliche Ausbildungsvorschriften die Curricula der Ausbildungsinstitute, auch die der DPV-Institute, bestimmen. An den DPV-Instituten müssen folgende von der IPV als »analysefremd« benannte Lerninhalte angeboten werden. *Im Bereich der Theorie*: Lernpsychologie, Psychodynamik der Gruppe, der Familie; Theorie und Methode der Kurztherapie, der Gesprächstherapie, der Verhaltenstherapie, der Gruppenpsychotherapie und der Balintgruppe; ferner Testpsychologie. *Im Bereich der Praxis*: Ausbildung in Balintgruppen-Praxis, in Hypnose und Autogenem Training. Sechs psychotherapeutischen Behandlungen müssen nach den Richtlinien der Krankenkasse, d. h. niederfrequent, mit insgesamt 1000 Stunden, davon eine mit tiefenpsychologischer Psychotherapie und eine Kurzpsychotherapie, durchgeführt werden. Ferner müssen 60 Doppelstunden kontinuierlicher Gruppenpsychotherapie mit 40 Kontrollstunden nachgewiesen werden. Das bedeutet, daß vor allem im Praxisbereich die Einübung in die psychoanalytische Technik, wie sie die IPV versteht, sehr erschwert ist – nicht nur zeitlich, sondern auch durch die Gefahr der Fusion und der Konfusion. Den meisten Kandidaten gelingt es nur mit größter Mühe, zwei Fälle »analytisch« zu behandeln, und auch die nur mit 300-400 Stunden (Braun 1992). Wer sagt, daß die Absolventen eines solchen Institutes noch Analytiker im Sinne Sandlers seien, übersieht, daß sie sich – vor allem seit die Maxime hochfrequent behandelter Kontrollfälle dem Verbot zum Opfer gefallen ist – kaum noch von Absolventen analytischer Ausbildungsinstitute außerhalb der IPV unterscheiden.

Schon bevor dieser Prozeß an den Instituten einsetzte, stellte der damalige Präsident der IPV, Edward Joseph, auf der Haslemere-Konferenz 1976 fest, daß die Identität des Psychoanalytikers, nicht mehr in Übereinstimmung mit Freuds Paradigmen definiert werden könne (Joseph 1979). Im Abschlußkommuniqué heißt es: Die Identität des Analytikers ist weder vom Forschungs- noch vom Behandlungsziel her eindeutig zu bestimmen; der Erwerb einer bestimmten Behandlungstechnik ist ebenso ungenügend zum Aufbau einer psychoanalytischen Identität: die Bestimmung der sozialen Funktion und Rolle des Analytikers führt in derart viele Widersprüche, daß sie zur Bestimmung der analytischen Identität nicht ausreicht; Freuds Aussage, daß jede Arbeit, die die Tatsache der Übertragung und des Widerstandes anerkenne, Psychoanalyse geheißen werden kann, kann heute auch von Nichtanalytikern in Anspruch genommen werden (Meerwein 1978, S. 42 ff.).

Wir sehen, daß die Konferenz zu Feststellungen über die Identität des Analytikers gelangt ist, die denen gleichen, die ich aus den Curricula der Ausbildungsinstitute gezogen habe.

Zum Thema der Identität des Analytikers gehört auch Wallersteins Feststellung, daß der Unterschied zwischen Analytikern dissidenter Schulen (Silverberg, Radó, Sullivan, Horney) und denen der orthodoxen psychoanalytischen Richtung kleiner sei als der zwischen Analytikern wie Kohut, Schafer, George S. Klein, Peterfreund, die noch dem Zentralmassiv der IPV angehören und damit der Orthodoxie (Wallerstein 1988).[16] Ein eindrucksvolles

16 Thomä und Kächele teilen diese Auffassung: »Die von Schultz-Hencke beim ersten Kongreß der Internationalen Psychoanalytischen Vereinigung nach dem Kriege in Zürich vorgetragene Kritik an der Libido-Theorie und an der Metapsychologie würde heute kein Aufsehen mehr erregen und von vielen Analytikern geteilt werden« (Thomä/Kächele 1985, Bd. 1, S. 12).

Beispiel dafür ist Winnicott. Indem er das Tabu, daß ein Analytiker seinen Patienten nicht anfaßt (Ferenczi wurde wegen dieses Tabubruchs von der IPV disqualifiziert), bricht (»gelegentlich muß das Halten auch physisch praktiziert werden«: Winnicott 1974, S. 317), ist er weiter vom Zentralmassiv entfernt als die Vertreter analytischer Schulen außerhalb der IPV, die dieses Tabu noch respektieren.

Das zweite Beispiel:
Die institutionalisierte Psychoanalyse hält an der Maxime fest, daß psychoanalytische Praxis nur das genannt werden dürfe, was mit einer Frequenz von fünf bis vier Stunden durchgeführt werde, zeitlich nicht begrenzt und nicht mit sachfremden Auflagen (z. B. durch die Krankenkasse) befrachtet sei. »Das Selbstverständnis der DPV«, stellt sie 1990 fest, »ist die hochfrequente Analyse in Praxis und Ausbildung.« Für die Ausbildung heißt das: die Lehranalyse wie die Kontrollfälle müssen mit mindestens vier Stunden pro Woche durchgeführt werden. 1986 stellt der Präsident der DPV fest: »Wer auf die zentrale Bedeutung der psychoanalytischen Methode verzichtet – und sei es, daß er sie reduziert –, hört auf, Psychoanalytiker im eigentlichen Sinne zu ein« (Appy 1986). Im selben Sinne stellt der Präsident der IPV, Sandler, 1991 fest, daß die Integrität der psychoanalytischen Bewegung bedroht sei, »weil immer mehr Mitglieder der IPV niederfrequente Analysen machen« (Sandler 1991, S. 1). – Eine Folge dieser Verworrenheit und Widersprüchlichkeit sei es, schreibt Pulver als Resümee seiner Umfrage, daß die Psychoanalytiker, die bereits heute (1976/77) in den USA überwiegend Psychotherapie machen, es immer schwerer hätten, das »Gold« der analytischen Übertragungs-Gegenübertragungsbeziehung zu bewahren (Pulver 1978, S. 194). Diese Feststellung gilt seit einigen Jahren auch für die meisten europäischen Länder (siehe unten, S. 41), insbesondere für die BRD. Für den Fortbestand der »klassischen« Technik, wie die IPV sie versteht, bedeutet das, daß es bald kaum noch Dozenten und Lehranalytiker geben wird, die diese weitergeben können. Sandlers »immer mehr« verleugnet die Tatsache, daß Analytiker weltweit immer schon und immer überwiegend niederfrequente Therapien gemacht haben.[17] Vor Einführung der von der Krankenkasse be-

17 Die 80jährige Therese Benedek antwortete Basch auf die Frage, wie viele Patienten sie in ihrem Berufsleben im strengen Sinne psychoana-

zahlten Psychotherapie in der BRD 1967 bestritten die Analytiker, die nicht Lehranalytiker und nicht prominent waren, ihren Lebensunterhalt mit niederfrequenten Analysen, die selten 300 bis 500 Stunden überschritten. Selbst in den Zeiten, als die Psychoanalyse in den USA Mode war und eine Monopolstellung besaß, lag dort der Anteil der Patienten in den Praxen der IPV-Analytiker, die zwischen 1952 und 1958 mit hochfrequenter Langzeitanalyse behandelt wurden, nur bei 49% (Hamburg 1967). Bereits zehn Jahre später ergibt die Umfrage von Pulver, daß zwischen 1967 und 1978 bereits 70% der Patienten in analytischen Praxen mit niederfrequenter Psychotherapie, oft stützender Natur und unter Umständen kombiniert mit medikamentöser Versorgung des Patienten, behandelt wurden (Pulver 1978). In derselben Umfrage erklären 25% der Mitglieder der APA, sie seien nicht mehr mit der Psychoanalyse (gemeint ist die hochfrequente Technik) identifiziert. Shapiro bemerkt in der Auswertung der Pulverschen Umfrage, daß nur noch 20% der aktiven Mitglieder der APA eine reine psychoanalytische Praxis betrieben (ebd., S. 618 ff.). In Frankreich stellt Smirnoff fest, habe man schon immer, auch schon vor 1939, mit weniger als vier Stunden pro Woche gearbeitet (Smirnoff, zit. nach Rotmann 1988, S. 157). 1987 bestätigte eine statistische Erhebung dort, daß sich diese Situation nicht verändert habe: 81% der Analytiker, die auf die Umfrage geantwortet hatten, gaben an, Analysen nur dreistündig durchzuführen (Bergeret u. a. 1987).

Auf Freud können sich die Verfechter einer numerisch definierten Analyse nicht berufen. Ich erinnere an Freuds Technik bei der Analyse des »Rattenmannes« (1907) und bei der Marie Bonapartes[18] Mitte der zwanziger Jahre (Bertin 1982; vgl. dazu Cremerius 1990a, S. 19).

lytisch behandelt habe: etwa drei oder vier. Basch fügt dem hinzu, daß decke sich mit seiner und vieler seiner Kollegen Erfahrung (Basch 1991). Winnicott stellt fest, daß die Ära dieser Psychoanalyse (Standardmethode) unaufhaltsam ihrem Ende zugehe. Und: »Nur bei einem ganz geringen Prozentsatz der vielen Patienten, die zu mir kommen, ist eine Standardanalyse indiziert« (Winnicott 1986, S. 101). Wieweit er von der Standardmethode de facto abweicht, zeigt die Analyse, die Margaret Little zwischen 1957 und 1967 bei ihm gemacht hat (Little 1991).

18 Zur selben Zeit, zu der Freud Marie Bonaparte behandelte, führte

In Ländern, in denen staatliche Gesundheitsbehörden kostenlose Psychotherapie/Psychoanalyse anbieten (England, Holland), sind kaum noch Patienten gewillt, eine hochfrequente Langzeitanalyse privat zu finanzieren. Die Folge ist, daß sich kaum noch Personen um die psychoanalytische Ausbildung bewerben (Holder 1984; van der Leeuw 1978; Groen-Prakken 1981 und 1984).

Am stärksten haben die Krankenkassen in der BRD in die Praxis und Ausbildung der DPV eingegriffen. Seit 1990 haben sie hochfrequente Analysen aus dem Katalog ihrer Leistungen gestrichen. Das heißt, daß die Mitglieder der DPV, die fast alle an der Kassenregelung teilnehmen, eine im Sinne der IPV nicht-analytische Praxis betreiben. Nicht-analytisch nicht nur wegen der niederfrequenten Therapie und der Festlegung der Dauer derselben auf maximal 240 Stunden, sondern auch wegen der Auflagen der Krankenkasse, die sie befolgen müssen, Auflagen, die nach dem Selbstverständnis der IPV analytische Therapie als solche unmöglich machen (Cremerius 1992a und 1992b).

Freud gab sich viel weniger Illusionen hin als die heutigen Analytiker. Die hier beschriebene Entwicklung, die die IPV verleugnet, hat er vorausgesehen: »Es wird eine Zeit kommen, in der es viele Analytiker gibt, aber wenige echte Analysen« (zit. nach Morgenthaler 1965).

Wie stark hier Verleugnung am Werk ist, zeigt die Tatsache, daß die institutionalisierte Psychoanalyse die Ergebnisse des »Menninger-Psychotherapie-Projekts«, von namhaften Mitgliedern der IPV durchgeführt, nicht zur Kenntnis nimmt. Es hatte die Maxime der Hochfrequenz nicht stützen können. Im Gegenteil lautete das Ergebnis, daß die These, nur die klassische hochfrequente psychoanalytische Technik erbringe Einsicht in strukturelle Veränderungen, nicht aufrechtzuerhalten sei. Beides, Einsicht und strukturelle Veränderungen, seien auch in der Vergleichsgruppe (mit niederfrequenter Therapie behandelte Patienten) festzustellen gewesen (Wallerstein 1986a). Hatte nicht schon Freud bemerkt, daß die Psychoanalyse als Therapie »nur eine unter vielen« sei (Freud 1933a, S. 169 und 1926e, S. 283)! – Es erstaunt nicht,

Glover seine Studie über »Die Grundlagen der therapeutischen Resultate« durch. Ihr Ergebnis: Von einer einheitlichen Technik, einem »Identitätskern«, könne weder inhaltlich noch formal gesprochen werden (Glover 1937).

daß auch eine andere Beobachtung, die sogar die Schädlichkeit intensiver Analysen nachgewiesen hat (»sie induziere die Abhängigkeit des Patienten und damit die Unendlichkeit der Analyse«), verleugnet wird (Gibeault 1980).

In welch abstruse Widersprüche die IPV durch diese Verleugnungen gerät, zeigt folgendes: Ein namhafter Analytiker, damals Präsident der IPV, bemerkte – wie schon zitiert –, daß es in jahrzehntelangem Bemühen nicht gelungen sei, Psychoanalyse von Psychotherapie zu unterscheiden (Wallerstein, zit. nach Klüwer 1980, S. 21 ff.). Ein anderer, ebenfalls namhafter Analytiker meinte – wie ebenfalls bereits angeführt – zu der Frage, er habe den Verdacht, daß diese »Überlegungen mehr unter taktischen und politischen als unter wissenschaftlichen Gesichtspunkten entschieden werden« (Sandler 1989, S. 5). Zwei Jahre später sagte derselbe Sandler, jetzt Präsident der IPV: »Wenn die analytische Bewegung fortbestehen soll, müssen wir jede Anstrengung unternehmen, die Grenzen zwischen analytischer und nichtanalytischer Behandlung aufrechtzuerhalten« (Sandler 1991, S. 1). Das Abstruse an dieser Feststellung ist, daß in den meisten Ländern eine vierstündige Analyse pro Woche als Analyse gilt. In der Britischen Psychoanalytischen Vereinigung, der Sandler angehört, gilt jedoch nur die fünfstündige Analyse als solche. Vierstündige Behandlungen zählen als Psychotherapien. Sandler, der diese numerische Definition verteidigte (1991), stellte 1980 im Gegensatz dazu fest, Psychoanalyse sei das, was ein Analytiker praktiziert, auch wenn er einen Patienten nur ein- oder zweimal in der Woche sieht (Klüwer 1980, S. 20).

Angesichts dieser Situation in den USA und in Europa stellte Parin 1990 die Frage, ob die Psychoanalyse, so beschädigt wie sie sei, überhaupt noch in unsere Welt passe oder ob sie überaltert sei, ein romantisches Relikt wie die Postkutsche, eine obsolete messianische Utopie (Parin 1990, S. 4).

Ausblick
Die Psychoanalyse wird Normalwissenschaft

> Die Psychoanalyse darf nicht als etwas
> Fertiges gedacht werden, soll sie der
> Wirklichkeit gehören.

Die Psychoanalyse als Wissenschaft hat nur dann eine Zukunft,
wenn sie den Weg auf eine Normalwissenschaft hin, den sie seit
einigen Jahren bereits – zwar langsam und mühsam, weil von
vielen Seiten dabei gehindert – verfolgt, konsequent weitergeht.
Die andere Bedingung für eine gute Zukunft ist die, daß sie einen
Ort findet, an dem sie die enorme Arbeit, die mit der Herstellung
von Normalwissenschaft verbunden ist, ungestört leisten kann.
Nur als »entfesselte Analyse« ist sie dazu in der Lage. Dieser Ort
muß ein öffentlicher Ort sein, ein Ort, wo eine »raisonierende
Öffentlichkeit« (Kant) zum kritischen Diskurs bereit ist. Dieser
Ort ist, soviel auch gegen ihn eingewendet werden kann, die Uni-
versität.
Was heißt: die Psychoanalyse soll »Normalwissenschaft« werden?
Es heißt, daß sie aus ihrer Frühphase, der Phase der Paradigmen-
bildung, des kühnen Ideenreichtums, der »Verheißung von Erfolg«, wie Kuhn sagt, in die Phase der »Verwirklichung der Verheißung« eingetreten ist (Kuhn 1972, S. 75), in ihr »post-dogma-
tisches Saeculum« (Thomä 1991).
Was bedeutet das für die Psychoanalyse, welche Aufgaben muß sie
erledigen, um die Verheißung der frühen psychoanalytischen
Paradigmen zu verwirklichen? Zunächst einmal heißt das, Aufräumarbeiten zu leisten! Im Sturm der Frühphase, der Phase der
Findungen und Erfindungen, der stürmischen Hypothesenbil-
dungen und der ersten Definition von Begriffen, blieb vieles un-
fertig, ungeklärt, als erster Entwurf liegen. Normalwissenschaft
heißt, daß eine Generation die Arbeit des Aufarbeitens all dieses
Liegengebliebenen übernimmt. Sie muß Kärrnerarbeit leisten.
Die Psychoanalyse repräsentiert zwei Gebiete, das der Theorie
und das der angewandten Psychoanalyse. In beiden Gebieten sind
die genannten Aufgaben der Normalwissenschaft zu leisten.
Ich beginne mit dem Gebiet, in dem die Psychoanalyse als Normalwissenschaft bereits seit Jahren vorangeht: der Anwendung
der Psychoanalyse im Bereich der Medizin. Seit Gründung der

Lehrstühle für Psychotherapie, Psychosomatische Medizin und Psychoanalyse Anfang der sechziger Jahre in der BRD ist die psychoanalytische Therapie Gegenstand empirisch-kritischer Forschung geworden. Der Schwerpunkt der Forschung liegt derzeit auf der Verlaufs-, der Effektivitäts- und Effizienzforschung. Weitere Schwerpunkte sind: vergleichende Methodenforschung unter Einbeziehung von Verhaltenstherapie, kognitiven, systemischen und lösungsorientierten Verfahren; die Klärung diagnostischer Begriffe; Experimente mit Variationen der psychoanalytischen Technik, so zum Beispiel mit patienten- und situationsorientierten Techniken; das heißt auch Wiederaufnahme von Freuds technischen Experimenten, etwa der »Intervalltechnik«, und die Zurückgewinnung der Indikationsfreiheit, die Freud aus Gründen der Forschung als störend zurückgestellt hatte.

Wichtig wäre die Förderung der vernachlässigten vergleichenden Therapieforschung. Was leisten kognitive, systemische, lösungsorientierte Techniken mehr als psychoanalytische Technik, was leisten sie in Kombination mit der psychoanalytischen Technik? Und ferner: Was leistet psychoanalytische Technik in Kombination mit Gruppen-, Körper-, Verhaltenstherapie, mit suggestiven Verfahren? Hier gilt es auch, das alte Tabu zu überdenken: ein Analytiker ist jemand, der seinen Patienten nicht anfaßt. Hier, im offenen Raum der Universität, wird auch die lange schon anstehende Auseinandersetzung mit Freuds Krankengeschichten möglich sein. An ihnen – obgleich sie weder klassische Neurosen zum Gegenstand hatten noch klassische Techniken demonstrierten (im Falle des Rattenmannes war es geradezu das Gegenteil einer klassischen Technik) – hat meine Generation noch die »klassische« psychoanalytische Behandlungsweise erlernen sollen.

Um eine wissenschaftlich begründete Therapieforschung fundieren zu können, müssen die Lehrinhalte weit über die der Ausbildungsinstitute der IPV hinaus erweitert werden: um die Ergebnisse der Neurophysiologie, Neuroanatomie, der Stammhirn-, Zentren-, Hirnhälftenforschung, um die Kenntnisse über die Frühphasen der Hirnentwicklung und der Markscheidenreifung, der Zwillingsforschung etc. Auch müssen Kenntnisse über die Wirkungsweise gewisser Medikamente vermittelt werden, weil ihre Kombination mit Psychotherapie ein neues Forschungsgebiet darstellen wird.

Auch die Psychoanalyse als Theorie, als eine spezifische Wissenschaft vom Menschen, muß in die Phase der Normalwissenschaft eintreten. Dies ist aber noch weitgehend bloßes Wunschdenken. Den vergleichsweise guten Ort, den die Psychotherapieforschung in der Medizin bereits gefunden hat, muß sie sich erst noch erobern. So groß das Interesse an der Psychoanalyse in manchen geisteswissenschaftlichen Disziplinen schon immer war (siehe S. 9) und noch ist, so schwierig scheint es zu sein, dort eigene Lehr- und Forschungszentren einzurichten.

Folge ich meinem Wunschdenken, so stelle ich mir ein solches Zentrum vor allem als einen Ort des Gesprächs vor, als einen Ort, an dem alle, die an der Psychoanalyse als Wissenschaft interessiert sind, sich begegnen können. Um diese Aufgabe erfüllen zu können, müßte das Zentrum Lehr- und Forschungsfunktionen miteinander vereinen.

Als Lehrinstitut würde es Freuds Desiderat von 1926 für eine »psychoanalytische Hochschule« erfüllen müssen. Es wäre einer solchen jedoch dadurch überlegen, daß es im freien, offenen Raum der Universität existierte, wo das, was nach Freuds Wunsch dort gelehrt werden sollte – Kulturgeschichte, Mythologie, Religionspsychologie und Literaturwissenschaft – von entsprechenden Fachvertretern gelehrt werden würde. Überlegen wäre es auch dadurch, daß es ganztägig zugänglich wäre. Es würde natürlich auch Gegenstände wie Soziologie, Ethnologie, Kommunikationstheorie, Wahrnehmungspsychologie etc. lehren müssen, würde das vernachlässigte Gebiet der Adoleszenz- und Lebensabschnittforschung fördern und schließlich, zusammen mit empirischen Forschern, Themen wie die Natur des Traumes, des Schlafes, des Bewußtseins und Unbewußtseins, der Bewußtseinsbildung und der Bewußtseinsstörung etc. angehen können.

Das psychoanalytische Zentrum als Ort psychoanalytischer Ausbildung müßte Menschen jedweden Fachgebietes, die sich für die psychoanalytische Theorie interessieren, offenstehen. Frei von der Verpflichtung, ein Diplom für eine Berufspraxis ausstellen zu müssen, könnte es sich ganz der Sache selbst, der Psychoanalyse, widmen. Es müßte sich also auch nicht um Lehranalysen und Supervisionen von Behandlungsfällen kümmern. Es könnte sich voll und ganz als »offenes System« (Popper) anbieten. Das heißt, es könnte Inhalte anbieten, aus denen jeder das wählen könnte, was er für seine Zwecke braucht, was ihm in dem Fach, in dem er arbeitet oder zukünftig arbeiten möchte, hilfreich zu sein scheint.

Es würde kein Zulassungsverfahren fordern, übernähme keine Verantwortung für den Ausbildungsgang. – Der große Vorteil einer solchen Ausbildung wäre der, daß alle, die an ihr teilnehmen, die Psychoanalyse als eine Wissenschaft vom Menschen unter anderen Wissenschaften vom Menschen kennenlernen würden, als »eine Wahrheit unter anderen«, so wie Eugen Bleuler sie verstand. An der Sorbonne scheint sich ein solches Zentrum bereits verwirklicht zu haben. Seit etwa fünf Jahren kann man dort ein »Doktorat in Psychoanalyse« erwerben.

Als Forschungszentrum stünden ihm, will es der Psychoanalyse helfen, Normalwissenschaft zu werden, viele Aufgaben bevor. Seine Chancen, sie erfolgreich anzugehen, wären groß, weil ihm Wissenschaftler verschiedener Provenienz zur Verfügung stünden, sozusagen hinter der »Tür nebenan«.

Vor Beginn jedweder spezifischen Arbeit müßte es zu allererst Aufräumarbeiten im Bereich der Begriffe und der Begriffsbildung unternehmen. Trotz der großartigen Arbeit des *Vokabulars der Psychoanalyse* bewegen wir uns immer noch in Geröllhalden beliebiger, vieldeutiger Begriffe oder solcher, die nur geheime Vokabeln für Eingeweihte sind. Zu dieser Aufräumarbeit bedarf es der Nüchternheit normalwissenschaftlicher Forscher, die keine Angst vor »heiligen Kühen« haben.

Der andere Vorteil, der der normalwissenschaftlichen Forschung zugute käme, ist der, daß sie ihr Forschungsgebiet enger fassen kann, als dies in der institutionalisierten Psychoanalyse möglich war. Dort führten generalisierende Ideen, allgemeine Vorstellungen vom Menschen und von der Welt, Privatphilosophien vom Sinn des Lebens und des Todes, von Heilung, Reife und vom wahren Selbst, »Ideen im Stil von Heimindustrie« (Cooper 1984, S. 255), eine den Mitgliedern oft wenig bewußte Existenz. Das eindrucksvollste Beispiel für die Existenz solcher vagen Vorstellungen ist die Präsenz nie geklärter, meist unreflektiert weitergegebener metatheoretischer Begriffe im Zentrum der psychoanalytischen Theorienbildung. Freuds »Hexe Metapsychologie« ist nicht durchgängig entmythologisiert worden. Holt spricht von der Metapsychologie als von Wracks, die weggeräumt werden müßten, damit ein epistemologisch klares Feld zur Verfügung stehe, von dem aus Theoriebildung neu beginnen könne (Holt 1990). Normalwissenschaft wird sich nicht mit Wallersteins Definition abfinden können: die metapsychologischen Begriffe seien

Metaphern, Symbole – Metaphern, mit denen wir leben, unsere pluralistischen, psychoanalytischen Glaubensartikel. Sie würden dazu dienen, unserem eigenen inneren Nichtwissen einen Zusammenhang zu geben (Wallerstein 1988).

Dringend notwendig ist die Aufhebung einer seltenen Form von babylonischer Sprachverwirrung: es haben sich neue, vom *mainstream* abweichende Schulen entwickelt, die aber weiterhin die Terminologie der Herkunftsschule benutzen. Dadurch, daß sie ihnen einen neuen Bedeutungsgehalt unterlegen, einen neuen Sinn geben, dienen dieselben Vokabeln zwei verschiedenen Sprachen. Schließlich muß, und das ist eine Aufgabe, die eine übertragungsfreie Einstellung zu Freud voraussetzt, Normalwissenschaft die Aufarbeitung der Freudschen Paradigmen aufnehmen. Da stellen sich Fragen wie: Erfüllt ein Paradigma noch seinen Anspruch, bei der Lösung eines bestimmten Problems erfolgreicher zu sein als die mit ihm konkurrierenden Modelle, schafft es eine größere Annäherung an die gesuchte Wirklichkeit als diese? Da gibt es Paradigmen, die zu präzisieren, zu erweitern oder als unhaltbar aufzugeben sind.

Hierhin gehört auch die Untersuchung der Paradigmen auf ihre historische Bedingtheit. Das heißt, es wäre zu fragen, wie sehr sie die unreflektierte Verhaftetheit ihres Schöpfers gegenüber den Vorurteilen und Wertvorstellungen seiner Zeit widerspiegeln. Ich denke etwa an Freuds Vorstellungen von der Struktur der Gesellschaft, von der Rolle des Vaters und der Familie in ihr, von der Frau als Mangelwesen (Penisneid), von den ökonomischen Bedingungen und dem Leben jener Schicht, die damals nicht in der analytischen Praxis erschien, sie heute aber frequentiert etc. Für diese Aufarbeitung ist die Zusammenarbeit mit dem Soziologen unerläßlich. Das heißt: mit Wissenschaftlern, die die gesellschaftliche Wirklichkeit, in der die Menschen heute leben, zu analysieren verstehen, die dem Analytiker die Strukturen, die sich seit Freuds ersten Formulierungen seiner Paradigmen verändert haben, aufzeigen können.

Zum Schluß wünsche ich mir insbesondere, daß in diesen Zentren die Freudsche Kulturtheorie und Gesellschaftskritik – seit Jahrzehnten von der psychoanalytischen Gemeinschaft vernachlässigt – im Verbund mit den Vertretern der Gesellschaftswissenschaften intensiv aufgegriffen würde. Ich bin überzeugt, daß hier Ideen bereitliegen, die mithelfen könnten, die irrationale Aggressivität und Destruktivität in der Gesellschaft wie in der Beziehung der Völker zueinander besser zu verstehen.

Mit Blick auf das nächste Jahrhundert hoffe ich, daß die Generation, die dann das Schicksal der Psychoanalyse bestimmten wird, sie nicht missionarisch, nicht apostolisch als sakrosankte Lehre des Gründervaters weitergibt, sondern als eine Wissenschaft, die nicht monopolisiert werden darf, die allen Menschen »gehört«, und ich hoffe, daß sie Psychoanalyse als etwas versteht, das in den nie abschließbaren Prozeß der Wissenschaft eingehen muß, der gefaßtes Wissen immer wieder in Frage stellt und Wissen stets aufs neue erzeugt.

Ich denke, so hat auch Freud in seinem letzten Lebensjahr 1939 die Psychoanalyse verstanden, als er ihre Zukunft – jetzt befreit vom Irrtum der »psychoanalytischen Bewegung«, von der Vorstellung »Wir sind im Besitz der Wahrheit« – noch einmal bedachte: »Die Gültigkeit psychoanalytischer Entdeckungen und Thesen ist nicht fest erweisen, in Wirklichkeit steht die Psychoanalyse noch am Beginn und braucht noch viel Entwicklung, wiederholte Prüfung und Bestätigung ihrer Hypothesen« (Interview mit Peck; Peck 1940, S. 206).

Literatur

Alexander, F. (1957), *Psychoanalysis and Psychotherapy*, New York.

– und S. T. Seleneski (1965), »Freud-Bleuler, Correspondence«, in: *Archive of General Psychiatry* 12, S. 1-9.

Appy, J. G. (1986), »Selbstentfremdung der Psycho-Analyse in der Gesundheitspolitik«. *DPV-Arbeitstagungsbericht*, S. 13-30.

Balint, M. (1947), »Über das psychoanalytische Ausbildungssystem«, in: ders., *Die Urformen der Liebe und die Technik der Psycho-Analyse*, Stuttgart 1966.

– (1958), »Sandor Ferenczi's last year«, in: *International Journal of Psycho-Analysis* 39, S. 68-70.

Barande, R. (1975), »Quels psychanalystes. Et pour quel faire«, in: *Revue française de Psychanalyse* 39, S. 225-246.

Basch, M. F. (1991), »Die Zukunft der psychoanalytischen Methode«, in: *Zeitschrift für psychoanalytische Theorie und Praxis*, Sonderheft, S. 2-5.

Bergeret, J., u. a. (1987), »Enquête sur la pratique psychanalytique«, in: *Revue française de Psychanalyse* 4, S. 1245-1268.

Bernfeld, S. (1952), »Über die psychoanalytische Ausbildung«, in: *Psyche* 38 (1984), S. 437-459.

Bertin, C. (1982), *Marie Bonaparte. A life*, San Diego/New York/London.

Bird, B. (1968), »On candidate selection and its relation to analysis«, in: *International Journal of Psycho-Analysis* 49, S. 513-526.

Braun, K. F. (1992), »Die gegenwärtige Ausbildungssituation in der DPV im Spiegel einer Umfrage bei den Kandidaten des psychoanalytischen Institutes Heidelberg-Karlsruhe«, in: *Psychoanalyt. Info*, Nr. 38, April, S. 3-14.

Clark, R. (1979), *Sigmund Freud*, Frankfurt am Main.

Cooper, A. M. (1984), »Psychoanalysis at one hundred: Beginning of maturity«, in: *Journal of the American Psychoanalytic Association* 32, S. 245-267.

– (1990), »The future of Psychoanalysis«, in: *Psychoanalytic Quarterly* 59, S. 177-196.

Cremerius, J. (1979), »Robert Musil. Das Dilemma eines Schriftstellers vom Typus ›poeta doctus‹ nach Freud«, in: *Psyche* 33, S. 733-772.

– (Hg.) (1981a), *Die Rezeption der Psychoanalyse in der Soziologie, Psychologie und Theologie im deutschsprachigen Raum bis 1940*, Frankfurt am Main.

– (1981b), »Freud bei der Arbeit über die Schulter geschaut. Seine Technik im Spiegel von Schülern und Patienten«, in: U. Ehebald und F. Eikkoff (Hg.), *Humanität und Technik in der Psychoanalyse. Jahrbuch Psychoanalyse*, Beiheft Nr. 6, Bern–Stuttgart–Wien, S. 123-158.

– (1986), »Spurensicherung. Psychoanalytische Bewegung und das Elend der psychoanalytischen Institution«, in: *Psyche* 40, S. 1063-1081.

– (1987), »Der Einfluß der Psychoanalyse auf die deutschsprachige Literatur«, in: *Psyche*, 41, S. 32-54.

– (1989), »Lehranalyse und Macht«, in: *Forum Psychoanalyse* 5, S. 190-208.

– (1990a), »Die hochfrequente Langzeitanalyse und die psychoanalytische Praxis. Utopie und Realität«, in: *Psyche* 44, S. 1-29.

– (1990b), »Sigmund Freud«. Rundfunksendung im Süddeutschen Rundfunk am 10. Mai 1988. Publiziert in: B. Schultz (Hg.), *Es ist ein Weinen in der Welt*, Stuttgart.

– (1992a), »Der DPV-Analytiker als Teilnehmer an der Kassenregelung«, in: *Forum Psychoanalyse* 8, S. 63-76.

– (1992b), »Die Zukunft der institutionalisierten Psychoanalyse«, in: M. Kuster (Hg.), *Entfernte Wahrheit. Die Endlichkeit der Psychoanalyse*, Tübingen S. 63-84.

– (1993), »Dichter auf der Analysecouch«, in: B. Götz, O. Gutjahr und J. Roebling (Hg.), *Das verschwiegene Ich*, Pfaffenweiler, S. 9-22.

Edelson, M. (1988), *Psychoanalysis. A theory in crisis*, Chicago/London.

Eissler, K. R. (1965), *Medical Orthodoxy and the Future of Psycho-Analysis*, New York.

- (1969), »Irreverent remarks about the presence and the future of Psychoanalysis«, in: *International Journal of Psycho-Analysis* 50, S. 461-471.
- (1974), »On some theoretical and technical problems regarding the payment of fees for psychoanalytic treatment«, in: *International Revue of Psycho-Analysis* 1, S. 73-101.

Eitingon, M. (1925), »Geschäftsprotokoll«, in: *Internationale Zeitschrift für Psychoanalyse* 11, S. 516.

Erdheim, M. (1987), »Wenn Institutionen ver-enden«, in: Psychoanalytisches Seminar Zürich (Hg.), *Between the Devil and the Deep Blue Sea*, Freiburg i. Br.

Erikson, E. H. (1957), »The first analyst«, in: *Freud and the 20th Century*, New York.

Fonagy, P. (1993), »Zusammenarbeit mit dem Präsidenten. Gedanken zum Ende von J. Sandlers Präsidentschaft«, in: *IPA-Newsletter*, Sommerausgabe, S. 9-10.

Franzen, S. (1982), »Editorial«, in: *Council for the advancement of psychoanalytic education* 2, S. 2.

Freud, A. (1938/1950), »Probleme der Lehranalyse«, in: *Max Eitingon in Memoriam*, Jerusalem 1950, S. 80-94.
- (1966), »The ideal psychoanalytic institute: a utopia«, in: *Bulletin of the Menninger Clinic* 35 (1971), S. 225-239.
- (1972), *Schwierigkeiten der Psychoanalyse in Vergangenheit und Gegenwart*, Frankfurt am Main.
- (1976), »Bemerkungen über Probleme der psychoanalytischen Ausbildung«, in: *Die Schriften der Anna Freud*, Bd. 10, München 1980, S. 2805-2810.

Freud, S. (1910d), »Die zukünftigen Chancen der psychoanalytischen Therapie«, in: ders., *Gesammelte Werke (GW)*, London/Frankfurt am Main 1950 ff., Bd. 8, S. 103-115.
- (1916/1917 [1915-17]), *Vorlesungen zur Einführung in die Psychoanalyse*, in: *GW*, Bd. 11.
- (1919a), »Wege der psychoanalytischen Therapie«, in: *GW*, Bd. 12, S. 181-194.
- (1923a), »›Libidotheorie‹ und ›Psychoanalyse‹«, in: *GW*, Bd. 13, S. 209-233.
- (1924f [1923]), »Kurzer Abriß der Psychoanalyse«, in: *GW*, Bd. 13, S. 403-427.
- (1925d [1924]), »Selbstdarstellung«, in: *GW*, Bd. 14, S. 31-96.
- (1926e), *Die Frage der Laienanalyse*, in: *GW*, Bd. 14, S. 207-296.
- (1933a [1932]), *Neue Folge der Vorlesungen zur Einführung in die Psychoanalyse*, in: *GW*, Bd. 15.
- (1941 [1921]), »Psychoanalyse und Telepathie«, in: *GW*, Bd. 17, S. 27-44.

Fromm, E. (1970), *The Crisis of Psychoanalysis*, New York.

Fürstenau, P. (1994), »Neue Lebensformen erfordern neue psychotherapeutische Orientierungen«, in: P. Buchheim, M. Cierpka, Th. Seifert (Hg.), *Neue Lebensformen – Zeitkrankheiten und Psychotherapie*. Berlin–Heidelberg–New York, S. 1-12.

Gaddini, E. (1984), »Changes in psychoanalytic patients up to the present day«, in: R. S. Wallerstein (Hg.), *Changes in Analysis and in Their Training. International Psychoanalytic Association Monograph series* 4, S. 6-19.

Glover, E. (1937), »Die Grundlagen der therapeutischen Resultate«, in: *Internationale Zeitschrift für Psychoanalyse* 23, S. 42-50.

Graf, M. (1942), »Reminiscence of Professor Sigmund Freud«, in: *Psychoanalytic Quarterly* 11, S. 465-476.

Greenson, R. R. (1967), *Technik und Praxis der Psychoanalyse*, Stuttgart 1973.

Groen-Prakken, H. (1981), »Die Psychoanalyse in den Niederlanden – Opfer wirtschaftlicher Depression«, in: *Bulletin der Europäischen Psychoanalytischen Föderation* 17, S. 105-107.

– (1984), »Regierung und psychoanalytische Ausbildung«, in: *Bulletin der Europäischen Psychoanalytischen Föderation* 23, S. 101-109.

Hamburg, D. (1967), »Report of the committee on central fact-gathering data of the American Psychoanalytic Association«, in: *Journal of the American Psychoanalytic Association* 15, S. 841-861.

Hofmannsthal, H. von/C. J. Burckhardt (1956), *Briefwechsel*, hg. von C. J. Burckhardt, Frankfurt am Main.

Holder, A. (1984), »Psychotherapie und staatliches Gesundheitswesen in England, in: H. Bach, U. Ehebald und J. Weigelt (Hg.), *Psychoanalyse, Psychotherapie, Öffentlichkeit*, Göttingen.

Holt, R. R. (1990), »A perestroika for renewal psychoanalysis. Crisis and renewal«. Unveröffentlichter Vortrag, gehalten am 12. Januar 1990 in New York; zitiert nach A. D. Richards, »The future of psychoanalysis. The past, present and future of psychoanalytic theory«, in: *Psychoanalytic Quarterly* 59, S. 347-369.

Jacoby, R. (1983), *Die Verdrängung der Psychoanalyse oder der Triumph des Konformismus*, Frankfurt am Main. 1985.

Jappe, G. (1983), »Bemerkungen über die Probleme der psychoanalytischen Ausbildung«, in: S. O. Hoffmann (Hg.), *Deutung und Beziehung*, Frankfurt am Main, S. 219-227.

Jaspers, K. (1950), »Zur Kritik der Psychoanalyse«, in: ders., *Rechenschaft und Ausblick. Reden und Aufsätze*, München 1951, S. 221-230.

Jones, E. (1953-1957), *Das Leben und Werk von Sigmund Freud*, 3 Bde., Bern–Stuttgart–Wien 1960-1962.

Joseph, E. (1979), Konferenzbeitrag auf der Haslemere Conference 1976, unveröffentlicht; zitiert nach J. Klauber, »The identity of the psychoanalyst, in: *Sigmund Freud House Bulletin* 3, S. 5-9.

Kernberg, O. (1984), »Changes in the nature of psychoanalytic training, structure of the training and standards of the training«, in: R. S. Wallerstein (Hg.), *Changes in Analysts and in Their Training. International Psychoanalytic Association Monograph series* 4, S. 56-62.

– (1993), »Aktuelle Probleme der Psychoanalyse«, in: *Bulletin der Wiener Psychoanalytischen Vereinigung* 1, S. 5-21.

– (1994), »Der gegenwärtige Stand der Psychoanalyse«, in: *Psyche* 48, S. 15-46.

Klauber, J. (1980), »Die Identität des Psychoanalytikers«, in: ders., *Schwierigkeiten in der analytischen Begegnung*. Frankfurt am Main 1980.

Klüwer, R. (1980), »Der Einfluß von Theorie und Praxis der Psychotherapie auf die psychoanalytische Ausbildung«. Bericht über die 10. Standing Conference on Training, London 1978, und den Pre-Congress, New York 1979.

Knight, R. (1953), »The present status of organized psychoanalysis in the United States«, in: *Journal of the American Psychoanalytic Association* 1, S. 197-221.

Kohut, H. (1969), »Forschung in der psychoanalytischen Ausbildung. Ein Memorandum«, in: *Psyche* 25 (1971), S. 738-757.

– (1973), »Die Zukunft der Psychoanalyse«, in: ders., *Die Zukunft der Psychoanalyse*, Frankfurt am Main, 1975, S. 7-27.

Kubie, L. K. (1956), *Psychoanalyse ohne Geheimnis*, Reinbek.

Kuhn, T. S. (1967), *Die Struktur wissenschaftlicher Revolutionen*, Frankfurt am Main 1972.

Kuster, M. (Psychoanalytisches Seminar Zürich) (Hg.) (1993), *Entfernte Wahrheit. Von der Endlichkeit der Psychoanalyse*, Tübingen.

Langer, M. (1986), *Von Wien nach Nicaragua*, Freiburg i. Br.

Leeuw, P. J. van der (1978), »›Modern times‹ und die Berufsausübung des Psychoanalytikers in der heutigen Zeit«, in: S. Drews u. a. (Hg.), *Provokation und Toleranz*, Frankfurt am Main, S. 42-56.

Limentani, A. (1986), »Presidential Address. Variation of some Freudian themes«, in: *International Journal of Psycho-Analysis* 67, S. 235-243.

Little, M. (1991), Über die Bedeutung von Regression und Abhängigkeit«, in: *Psyche*, 45, S. 914-930.

Lohmann, H. M., und L. Rosenkötter (1982), »Psychoanalyse im Hitlerdeutschland. Wie war es wirklich?«, in: *Psyche* 36, S. 961-988.

Loch, W. (1974), »Der Analytiker als Gesetzgeber und Lehrer. Legitime und illegitime Rollen?«, in; *Psyche* 28, S. 431-460.

McLaughlin, F. (1967), »Addendum to a controversial proposal. Some observations on the training analysis, in: *Psychoanalytic Quarterly* 36, S. 230-247.

Meerwein, F. (1978), »Die Identität des Psychoanalytikers«, in: *Zeitschrift für psychosomatische Medizin* 8, S. 29-44.

Menninger, K. A., und P. S. Holzmann (1958), *Theorie der psychoanalytischen Technik*, Stuttgart 1977.

Merton, K. R. (1949), *Social Theory and Social Structure*, Glencoe/Ill. 1962.

Morgenthaler, F. (1965), »Mitteilung von Dr. Ph. Sarasin an Dr. Morgenthaler«, in: *Bulletin der Schweizerischen Gesellschaft für Psychoanalyse* 1, S. 7.

Parin, P. (1978a), *Der Widerspruch im Subjekt*, Frankfurt am Main.

– (1978b), »Warum die Psychoanalytiker so ungern zu brennenden Zeitproblemen Stellung nehmen. Eine ethnologische Betrachtung«, in: *Psyche* 32, S. 385-399.

– (1986), »Die Verflüchtigung des Sexuellen in der Psychoanalyse, in: Psychoanalytisches Seminar Zürich (Hg.), *Sexualität*, Frankfurt am Main.

– (1990), »Die Beschädigung der Psychoanalyse in der angelsächsischen Emigration und ihre Rückkehr nach Europa«, in: *Psyche* 44, S. 191-202.

Peck, M. W. (1940), »A brief visit with Freud«, in: *Psychoanalytic Quarterly* 9, S. 206.

Popper, K. R. (1942), *Die offene Gesellschaft und ihre Feinde*, Bern 1958.

Pulver, S. W. (1978), »Erhebungen über die psychoanalytische Praxis 1976. Tendenzen und Konsequenzen«, in: *Psyche* 38 (1984), S. 63-82.

Roazen, P. (1975), *Freud und sein Kreis*. Interview mit Eva Rosenfeld am 3. 9. 1965 und 3. 11. 1966, Bergisch-Gladbach 1976.

Rotmann, M. (1988), »Der Einfluß von Häufigkeit und Dauer der Sitzungen auf die Entwicklung eines kurativen psychoanalytischen Prozesses. Referat der Tagung der Europäischen Psychoanalytischen Föderation«, in: *Bulletin der Europäischen Psychoanalytischen Föderation*, Nr. 31, Herbst 1988, S. 151-164.

Sachs, H. (1930), »Die Lehranalyse«, in: *Zehn Jahre Berliner Psychoanalytisches Institut*, Wien, S. 53-62.

– (1945), Freud, Master and Friend, London; deutsch: *Freud, Meister und Freund*, Frankfurt/Berlin/Wien 1982.

– (1947), »Beobachtungen eines Lehranalytikers«, in: *Psychoanalytic Quarterly* 16, S. 157-168.

Sandler, J. (1983), »Die Beziehung zwischen psychoanalytischen Konzepten und psychoanalytischer Praxis, in: *Psyche* 37, S. 577-595.

– (1989), »Psychoanalyse und psychoanalytische Psychotherapie. Das Problem der Abgrenzung«, in: *DPV-Info* Nr. 5, April 1989, S. 1-5.

– (1990), »Die Zukunft der Psychoanalyse«, in: U. Streeck und H. V. Werthmann (Hg.), *Herausforderung für die Psychoanalyse*, München S. 37-50.

– (1991), »Mitteilungen des Präsidenten: Prof. Joseph Sandler«, in: *IPA-Newsletter* xxii, Nr. 2, Januar 1991, S. 1-3.

Smirnoff, V. (1988), *Bulletin der Europäischen Psychoanalytischen Föderation*, Nr. 31, Herbst 1988.

Speier, S. (1983), »Gedanken zur Ausbildung oder Wie man Analytiker wird«, in: H. M. Lohmann (Hg.), *Das Unbehagen in der Psychoanalyse. Eine Streitschrift*, Frankfurt am Main, S. 104-110.

Steiner, R. C. (1985), »Some thoughts about tradition and change arising from an examination of the British Psychoanalytic Society's controversial discussions (1943/44)«, in: *International Review of Psycho-Analysis* 12, S. 27-71.

Stepansky, P. E. (Hg.) (1989), *Margaret Mahler*, München.

The San Francisco Psychoanalytic Institute (Hg.) (1990/91), *Training Program in Psychoanalysis*, San Francisco.

Thomä, H. (1991), »Ideen und Wirklichkeit der Lehranalyse. Ein Plädoyer für Reformen (I und II)«, in: *Psyche* 45, S. 358-433 und S. 481-505.

– und H. Kächele (1985), *Lehrbuch der psychoanalytischen Therapie.* 2 Bde., Bd. 1: *Grundlagen*, Berlin/Heidelberg/New York/Tokio.

Wallerstein, R. S. (1986a), *Forty-two Lives in Treatment*, New York.

– (1986b), »Psychoanalysis as a science: A response to new challenges«, in: *Psychoanalytic Quarterly* 55, S. 414-451.

– (1988), »One Psychoanalysis or many?« in: *International Journal of Psycho-Analysis* 69, S. 5-21.

– und E. M. Weinshel (1989), »The future of Psychoanalysis«, in: *Psychoanalytic Quarterly* 58, S. 341-371.

– (1991), »Psychoanalytic education and research: a transformative proposal«, in: *Psychoanalytic Inquiry* 11, S. 196-225.

Winnicott, D. W. (1974), *Reifungsprozeß und fördernde Umwelt*, München.

Wittenberger, G. (1987), »Von der Selbstregulation zum ›Prüfungskolloquium‹«, in: *DPV-Arbeitstagungsbericht*, S. 135-144.

Helmut Dahmer
Schicksale der »psychoanalytischen Bewegung«

I

»Die Aufgabe des Instituts, das er Freud-Institut nennen wollte, sollte nicht allein darin bestehen, Tausenden von Studenten in Ergänzung ihres Medizinstudiums psychoanalytische Verfahrensweisen zu vermitteln, vielmehr sollte hier allen Forschungsinteressen Freuds nachgegangen werden, und das Institut sollte die Möglichkeit bieten, sich mit allen Dimensionen seines Werks vertraut zu machen. Es sollte zu einer Quelle der Aufklärung für alle Studenten und Gelehrten werden, die auf ihrem eigenen Gebiet ohne die Erkenntnisse des Begründers der Psychoanalyse nicht auskommen können ... Aber er verbarg mir nicht seine Sorge, daß die antiphilosophisch und – nach seinem Verständnis – antifreudianisch Gesonnenen unter den Psychoanalytikern seinen Plan vereiteln könnten.« Dieser Bericht Max Horkheimers über seine Gespräche mit Ernst Simmel[1], in denen es um das Projekt eines Psychoanalytischen Instituts in Los Angeles ging, ist 47 Jahre alt.

Die implizierte Diagnose des Zustands der organisierten Psychoanalyse ist durch ihre seitherige Entwicklung bestätigt worden. Freuds, aus dem Studium der Hysterie und des Traums geborene, lebens- und kulturgeschichtlich orientierte Psychologie des Unbewußten war eine verwissenschaftlichte Wiederaufnahme der im deutschen Idealismus als Geschichtsphilosophie in praktischer Absicht entwickelten *Kritik von Pseudonatur*: Menschen leben nicht unmittelbar in einem naturalen Milieu, sondern in einer durch die Wunschträume und die sie realisierenden Produktionen und Kämpfe vieler Generationen umgestalteten, sozionaturalen Lebenswelt. Ihr Lebensraum ist die Geschichte. Und die Pro-

---

1 Max Horkheimer, »Ernst Simmel und die Freudsche Philosophie« (1948), in: B. Görlich u. a., *Der Stachel Freud*. Beiträge und Dokumente zur Kulturismus-Kritik, Frankfurt am Main 1980, S. 139-148; Zitat S. 145 f. (Auch in Horkheimer, *Gesammelte Schriften*, Bd. 5, Frankfurt am Main 1987, S. 396-405; Zitat S. 403 f.)

bleme dieser historisch-gesellschaftlichen Welt, einer »zweiten Natur«, lassen sich mit den bewährten Verfahren technischer Naturbeherrschung weder angehen noch lösen. Die Gesellschaftsgeschichte und die in sie eingelassenen Lebensgeschichten lassen sich weder nach Analogie von Naturprozessen erklären, noch lassen sie sich wie luzide Texte lesen, in denen Intention und Ausdruck zur Deckung kommen. Die Geschichte der Sozietät und die der Individuen wird von den Handelnden und Leidenden in *bewußtloser Praxis* hergestellt, mit unzureichendem Wissen von den Bedingungen und Effekten ihres Tuns (und Nichttuns). Eben darum gelten ihnen jene Bedingungen und Effekte allemal als »Natur«.

Retrospektiv scheinen in der Geschichte der Einzelnen und der Kollektive bestimmte Invarianten des Unheils immer wiederzukehren: den lebensgeschichtlich erwartbaren Traumen korrespondieren in der Sozialgeschichte Mangel, Ungleichheit und Gewalt, die trotz aller Fortschritte in der Naturbeherrschung auch in den höchstentwickelten Gesellschaften den Lebensformen bis heute das Gepräge geben. Gegen Ende des 20. Jahrhunderts – nach Auschwitz und Hiroshima, Kolyma/Petschora und Kambodscha, Uruguay, Argentinien, Guatemala und El Salvador ... – präsentiert unsere Geschichte sich vor allem als Mordgeschichte. Daß eine Weiterentwicklung der Gesellschaft im Rahmen der die Ungleichheit und den Mangel perpetuierenden Institutionen zur Freisetzung immer größerer Quanten unbeherrschbarer Aggressivität in den in Massen eingebundenen Einzelnen führen werde, war Freuds Prognose. Seine Theorie und Praxis war auf nichts anderes gerichtet als auf die Brechung jener Wiederholungszwänge der Individual- und Kulturgeschichte, die die Menschen immer tiefer ins Unheil verstricken und sie schließlich den Untergang solchem Leben vorziehen lassen. Die Entdeckung der Gesellschaft als einer Pseudonatur und die der Anamnesis, der Selbstreflexion, als des Weges, ihr den Naturschein abzustreifen und sie für Revisionen, für die Sabotage des menschgemachten Schicksals zu öffnen, ist im deutschen Idealismus aus der Erfahrung der Französischen Revolution gelungen.

Marx hat diese Entdeckung im späten 19. Jahrhundert in der Dimension der Klassengeschichte, Freud in der Dimension der Seelengeschichte fruktifiziert. In der einen wie in der anderen gilt, daß es mehr Fetische als Fakten gibt, weil die Tatsachen, mit denen wir zu tun haben, verkappte Tathandlungen sind. Das Programm der Ideologiekritik ist darum ein anderes als das der Natur- und Geisteswissenschaften. Es geht ihr nicht um die Bewährung genereller Gesetzeshypothesen, sondern um die Entkräftung von Zwängen, die auf der Bewußtlosigkeit der ihnen Unterworfenen beruhen, nicht um die texttreue Aneignung eines in literarischen Dokumenten überlieferten Sinns, sondern um die Dechiffrierung eines von den Autoren selbst nicht verstandenen, als Interlinearversion mitgeteilten, dem manifesten widerstreitenden Gegensinns. Nicht »Erklärungen« sind hier das Ziel der Forschung, sie sind bloßer Notbehelf. Der Forschungsprozeß ist ein dialogvermittelter Prozeß der Selbstaufklärung und sein Ziel ein Verständnis von Geschichte und Gegenwart, das es Individuen und Kollektiven erspart, ihre Zuflucht zu Überlebenstechniken zu nehmen, durch die sie ihr eigenes Unglück und das der anderen vermehren.

Unter dem Eindruck immer neuer geschichtlicher Katastrophen und immer neuer Triumphe der technischen Naturbeherrschung ist die Geistesgeschichte der vergangenen hundert Jahre durch fortschreitende Verdrängung und Diskriminierung der nichttechnischen Modi der Weltveränderung – Kunst, Kritik Revolution – gekennzeichnet. In der »einheitswissenschaftlichen« Strategie der Physikalisten des »Wiener Kreises« kam diese Tendenz am klarsten zum Ausdruck.[2] Nur solche Verfahrensweisen, die einer an der Entwicklung der Physik abgelesenen Forschungslogik entsprachen, sollten künftig auf den Ehrentitel »Wissenschaft« Anspruch erheben können. Alle übrigen traf das gegen die Metaphysik gerichtete Verdikt »Unsinn«. Damit wurden freilich auch die Probleme der Lebens- und Sozialgeschichte aus wissenschaftlichen Diskursen ausgeklammert und beide Sphären dem »Unsinn« zeitgenössischer Ideologien und Dezisionen überantwortet.[3]

In Freuds Schriften trat die psychoanalytische Ideologiekritik im Gewand einer Science auf; die therapeutische Dialogpraxis firmierte als »Technik«. Das hängt zum einen mit Freuds Herkunft

2 Vgl. Victor Kraft, *Der Wiener Kreis. Der Ursprung des Neopositivismus*, Wien 1950, 2., erw. Aufl., Wien 1968. Hubert Schleichert (Hg.), *Logischer Empirismus. Der Wiener Kreis*, München 1975.

3 Vgl. Max Horkheimer, »Der neueste Angriff auf die Metaphysik« (1937), in: *Gesammelte Schriften*, Bd. 4, Frankfurt am Main 1988, S. 109-161.

aus der »Helmholtz-Schule«[4] zusammen und hat zum anderen seine Legitimation darin, daß die Neurose-Patienten von ihrem Wiederholungszwang so betroffen werden wie von einem organischen Defekt, beides als ein »Schicksal« erleben, das unverhofft über sie kommt. Freuds naturwissenschaftliches Selbstverständnis und die naturwissenschaftliche Metaphorik seiner Seelen-Theorie haben ihre Wurzel im pseudonatürlichen Charakter der neurotischen Leiden. Aber Freud hat auch versucht, seine neue Wissenschaft vom »inneren Ausland« vor den »Ärzten« wie vor den »Priestern« zu schützen – vor den szientistisch orientierten Medizinern und Psychologen und vor den Aposteln der (religiösen oder politischen) Illusion. Die Furcht, die Psychoanalyse könne den Humantechnikern und Massenverführern in die Hände fallen, hat Freud dazu bewogen, sie »einem Stand von *welt*lichen Seelsorgern, die Ärzte nicht zu sein brauchen und Priester nicht sein dürfen«, zu dedizieren.[5] Die organisierte Psychoanalyse aber hat gerade den Weg der Medizinalisierung, vor dem Freud gewarnt hatte, eingeschlagen – den Weg des geringsten Widerstands, des größten Sozialprestiges und der sichersten Einkünfte. Die Verwechslung der psychoanalytischen Ideologiekritik mit einer »Naturwissenschaft von der Seele«, das Liebäugeln mit dem physikalistischen Programm hat die Psychoanalytiker anfällig für die Illusionen des Szientismus gemacht. Anderen Heilslehren war die von Freud aktualisierte Religionskritik besser gewachsen; darum hatten Gurus in der Internationalen Vereinigung keine Chance.

Die »talking cure« ist unverkennbar ein Spätling der liberalen, konkurrenzkapitalistischen Ära. Freuds Instanzenlehre war ein Nachbild der Lebensform ökonomisch und politisch entlasteter, gebildeter Bürger, deren relative wirtschaftliche und seelische Autonomie schon bedroht war. Die Malaise dieser lange tonangebenden sozialen Schicht war das Thema der ihr zeitgenössischen Literatur, von Schnitzler bis Musil. Ehe die liberalen Kulturbürger von den Trustmagnaten und Angestelltenheeren des 20. Jahr-

4 Vgl. Siegfried Bernfeld, »Freuds früheste Theorien und die Helmholtz-Schule« (1944), in: S. Bernfeld und S. Cassirer Bernfeld, *Bausteine der Freud-Biographik*, hg. von I. Grubrich-Simitis, Frankfurt am Main 1981, S. 54-77.

5 Brief an Oskar Pfister vom 25. 11. 1928. In: Freud und Pfister, *Briefe 1909-1939*, hg. von E. L. Freud und H. Meng, Frankfurt am Main 1963, S. 136.

hunderts beiseite geschoben wurden, haben sie die Anleitung zur Selbstreflexion als Dienstleistung institutionalisiert – eine der wertvollsten unter ihren Hinterlassenschaften.

Die erste und zweite Generation freudianischer Seelenforscher, das waren kosmopolitisch orientierte, dem »Gott Logos« verschworene, deutsch-jüdische Intellektuelle, Freiberufler ohne ererbtes Vermögen, Heilkundige mit kulturrevolutionärer Mission, Freigeister und Bohemiens, Gelehrte ohne Lehrstühle, Sozialforscher und Philanthropen, Revolutionäre und Utopisten. Gesellschaftlich gebunden an den vermögenden Mittelstand, aber dessen Lebenslügen entlarvend, von den etablierten Medizinern und Psychologen verachtet und diskriminiert, politisch den Liberalen und der Arbeiterbewegung zugetan, aber von Intellektuellen und Funktionären wenig geliebt, in Frontstellung gegen Kirche, autoritären Staat und repressive Kultur und darum »zersetzend«, »dekadent« und »anarchistisch« gescholten, saßen die Spezialisten für verworrene Lebensgeschichten, »Ich-Schwäche« und Autoplastik zwischen allen Stühlen.

Die Sozial- und Geistesgeschichte der psychoanalytischen Bewegung ist noch nicht geschrieben. Aber der allgemeine Charakter ihrer Entwicklung in den letzten Jahrzehnten ist deutlich erkennbar. Das szientistische Selbstmißverständnis, das Ignorieren der Soziologie, die politische Abstinenz – all das gab es auch schon bei Freud. Was diesen Tendenzen auf Kosten anderer zum Sieg verhalf, war der Schock der Vertreibung der Mehrheit der Psychoanalytiker aus ihrer mitteleuropäischen Mutterkultur und die Transplantation der Psychoanalyse in die angelsächsischen Zufluchtsgesellschaften. So hat der Sieg des Nationalsozialismus in Deutschland und die ihm folgende Unterwerfung eines Großteils von Europa durch Hitlers Armeen nicht nur die deutsche Arbeiterbewegung als revolutionäre ausgelöscht, sondern ebenso die psychoanalytische Bewegung als eine Agentur der Kulturrevolution.

Die massenfeindliche NS-Massenbewegung, eine von den wirklichen Herren der deutschen Wirtschaft genutzte Rebellion all jener, deren Hoffnungen durch die Entwicklung der deutschen Nachkriegsgesellschaft vernichtet worden waren und die an den Privilegien der Bourgois-Kultur keinen Anteil hatten, zerschlug die Arbeiterbewegung, die dem Finanzkapital hätte gefährlich werden und Krieg und Holocaust hätte verhindern können. Sie zerstörte die Reservate der durch institutionelle Gewalt nach unten und außen abgeschirmten, selbst aber der Gewalt entzogenen großstädtischen Intellektuellenkultur, die Sphäre der freien Diskussion, des unkontrollierten häuslichen Gesprächs, des zensurfreien therapeutischen Dialogs, des wissenschaftlichen Disputs und der parlamentarischen Debatte. Trotz der Erfahrung des Ersten Weltkriegs und der sozialen Kämpfe, die ihm folgten, und trotz Freuds Einsicht in den prekären Status der Gegenwartskultur war die große Mehrheit der Psychoanalytiker außerstande, zu realisieren, daß die Errichtung einer faschistischen Diktatur die Zerstörung ihrer eigenen Lebenswelt nach sich ziehen würde.[6] Die Illusion, der einige nicht-jüdische Psychoanalytiker noch Jahre nach der nationalsozialistischen »Machtergreifung« anhingen, die Psychoanalyse könne, wie immer reduziert, im rassistischen Terrorstaat als *Institution* überleben[7], bezeugt diese Realitätsblindheit. Die traumatische Erfahrung, daß der gesellschaftlich konzedierte Spielraum für Reflexion und Kritik, in dem die psychoanalytische wie andere liberale und radikale Reformbewegungen existieren, in sozialen Krisen von den miteinander kämpfenden Klassen und Gruppen nicht respektiert, sondern liquidiert wird, hat paradoxerweise der Mehrheit der Psychoanalytiker (wie anderen Intellektuellengruppen auch) den Mut und die Fähigkeit genommen, über den jeweiligen sozialen Status quo hinauszublikken, jene Tendenzen wahrzunehmen, die, zum Besseren oder Schlechteren, über ihn hinaustreiben. Daher rührt ihre Abnei-

6 »Der Liberalismus enthielt die Elemente einer besseren Gesellschaft. Das Gesetz besaß noch eine Allgemeinheit, die auch die Herrschenden betraf. Der Staat war nicht unmittelbar ihr Instrument. Wer sich unabhängig äußerte, war nicht notwendig verloren. Freilich gab es solchen Schutz nur in einem kleinen Teil der Erde, in den Ländern, denen die anderen ausgeliefert waren. Selbst die brüchige Gerechtigkeit war auf partielle geographische Bezirke beschränkt. Wer jedoch an einer beschränkten menschlichen Ordnung teilhat, darf sich nicht wundern, wenn er gelegentlich selbst unter die Beschränkungen fällt.« Max Horkheimer, »Die Juden und Europa« (1939), in: *Gesammelte Schriften*, Bd. 4, Frankfurt am Main 1988, S. 308-331.

7 Vgl. dazu u. a. die Beiträge von Lohmann und Rosenkötter und Brainin und Kaminer, in: Hans-Martin Lohmann (Hg.), *Psychoanalyse und Nationalsozialismus. Beiträge zur Bearbeitung eines unbewältigten Traumas*, Frankfurt am Main 1984.

gung, zu »brennenden Zeitproblemen« Stellung zu nehmen[8], und ihr anti-»kommunistischer« Prokapitalismus. Sie sind gebrannte Kinder. Und die Verfolgung hat ja nach dem Ende des Hitlerreichs nicht aufgehört! In der Sowjetunion und den ihr assoziierten Staaten wurde die organisierte Psychoanalyse nicht geduldet. In den süd- und mittelamerikanischen Staaten, in denen die Stellung der herrschenden Klasse und der Einfluß der USA durch Folter und Massaker gesichert werden, stehen oft auch (wie in Argentinien) die Psychoanalytiker auf den schwarzen Listen der Mordkommandos.

Seit den dreißiger Jahren ist die Psychoanalyse, die ihre neuartige Perspektive zunächst offensiv auf den verschiedensten geistes-, sozial- und naturwissenschaftlichen Gebieten geltend gemacht hatte, auf dem Rückzug. Der Versuch, in den Emigrationsländern sich zu naturalisieren, war erfolgreich, aber der Preis, der dafür gezahlt wurde, war hoch. Die aus einer Kultur, die neben dem siegreichen Positivismus auch kritische Theorien hervorgebracht hatte, herausgeschleuderten Freudianer versuchten ihre eigene, von Schelling, Schopenhauer und Nietzsche beeinflußte Theorie des Menschen und der Kultur dem angloamerikanischen Empirismus und Pragmatismus zu adaptieren. Freuds Wiener Schule war hier, anders als der »Wiener Kreis«, in die Fremde gekommen. Eine traumatisierte, in ihren hochfliegenden Hoffnungen enttäuschte Psychoanalytiker-Generation bemühte sich, die Mimikry an die Universitätsmedizin und -psychologie der Gastländer zuwege zu bringen. Ihre Selbstbeschränkung auf Therapie, Ich- und Selbstpsychologie und Probleme der familialen Sozialisation hat ihr Achtungserfolge bei Persönlichkeitspsychologen und Mikrosoziologen, mitunter gar bei Theologen eingebracht.

Die Toleranz, deren die Psychoanalyse sich seither erfreut, ist erkauft durch Autotomie. Sie ist eine repressive, weil ihre stillschweigende Voraussetzung die Marginalisierung und Verödung der beiden miteinander kommunizierenden, Faszination und Skandal der Psychoanalyse begründenden Kraftzentren der

---

8 Vgl. Paul Parin, »Warum die Psychoanalytiker so ungern zu brennenden Zeitproblemen Stellung nehmen. Eine ethnologische Betrachtung« (1978), in: H. Dahmer (Hg.), *Analytische Sozialpsychologie*, Frankfurt am Main 1980, Bd. 2, S. 647-662.

Freudschen Theorie war: der Lehre von den Trieben und der von der Kultur. »Es ist«, schrieb Max Horkheimer 1939,

»als seien die vertriebenen Intellektuellen nicht bloß des Bürgerrechts, sondern auch des Verstands beraubt worden. Denken, die einzige Verhaltensweise, die ihnen anstünde, ist in Mißkredit geraten. Der ›jüdischhegelianische Jargon‹ ... gilt jetzt vollends als überspannt. Aufatmend werfen sie die unbequeme Waffe weg...«[9]

Derart enttäuschte auch die emigrierte Psychoanalyse sich ihres *kulturrevolutionären* Gehalts.[10] Die eingeschüchterte ist nicht nur eine reduzierte, sondern eine entsubstantialisierte, »entkernte« Psychoanalyse.

Jahrzehnte später, gegen Ende der sechziger Jahre, wurde das Unbehagen an der defizienten Psychoanalyse manifest. Die Leitung der amerikanischen Psychoanalytischen Vereinigung bildete eine Untersuchungskommission, deren Aufgabe darin bestand, zu klären, wieso »es an neuen psychoanalytischen Erkenntnissen in den zentralen Bereichen analytischen Wissens mangelt«.[11] Die Empfehlungen dieser Kommission – Änderung der Rekrutierungsmodi, arbeitsteilige Spezialisierung von Psychoanalytikern und Instituten – haben wohl nur geringe Aussicht auf Realisierung. Denn

»die Funktion der psychoanalytischen Gesellschaften und der von ihnen abhängigen Lehrinstitute konzentrierte sich immer eindeutiger auf die Eliminierung aller Personen, die nicht mit der konstituierten gesellschaftlichen Kaste« (der Psychoanalytiker) »konform gingen (also von potentiellen psychoanalytischen Randexistenzen), und auf die Vermittlung eines immer umfangreicheren theoretisch und praktisch hoch spezialisierten Fachwissens, unter Ausschluß dessen, was man die emanzipatorische Sendung der Psychoanalyse nennen kann« (Parin[12]).

9 Horkheimer, »Die Juden und Europa«, a.a.O. (Anm. 6), S. 115.
10 Die Surrealisten, Protagonisten der Kulturrevolte der Zwischenkriegszeit, haben in Freud mit Recht einen Bundesgenossen im Kampf gegen eine Kultur gesehen, die in eine noch unbekannte Barbarei, in das Grauen mündet.
11 Heinz Kohut, »Forschung in der Amerikanischen Psychoanalytischen Vereinigung. Ein Memorandum« (1969), in: *Psyche* 25 (1971), S. 738-757, hier S. 740.
12 Parin, »Warum die Psychoanalytiker so ungern zu brennenden Zeitproblemen Stellung nehmen«, a.a.O. (Anm. 8), S. 655.

Die Ausbildungskandidaten müssen sich »dem inzwischen ausge-
bauten Ritual der Institute und einer hochinstitutionalisierten Be-
rufsgilde unterziehen. Sie« müssen »10-12 Jahre ihres Lebens
einer medizinisch-psychiatrischen Ausbildung (mit besonderen,
den Erfordernissen der Analyse geradezu gegensätzlichen Auswahlkriterien) gewidmet haben.«[13] Anna Freud hat 1959 die Entwicklung der Psychoanalyse mit der Bemerkung resümiert, »daß
der ersten Generation umstürzlerischer und tief forschender Gei-
ster, welche die psychoanalytische Bewegung getragen hatten,
eine andere gefolgt sei, die aus angepaßten Verwaltern und Meh-
rern des Erworbenen bestehe«.[14] Diese Entwicklung ist sicher
nicht irreversibel, aber auch nicht durch die bloße Ausdifferenzie-
rung und Ergänzung bestehender psychoanalytischer Institutionen zu korrigieren.

Das Gesicht der internationalen Psychoanalyse ist seit 1945 entscheidend durch ihr neues, nordamerikanisches Zentrum geprägt
worden, auch dort, wo noch Relikte psychoanalytischer Vor-
kriegskulturen bestanden und Nonkonformisten wie Mitscherlich, Lacan oder Parin Alternativen zur Mainstream-Psychoana-
lyse entwickelten. Auch die im Nachkriegs-Westdeutschland wie-
dererstandene Psychoanalyse repräsentiert weithin den Typus der
geschlagenen, eingeschüchterten Psychoanalyse. Trotz Mitscherlich wird die Psychoanalyse hier nur als halbierte tradiert; trotz
Richter bleibt der Normal-Analytiker politisch abstinent; trotz
Parin blickt er über die Horizonte seiner Berufspraxis und seiner
Kultur kaum hinaus. »Der Psychoanalytiker von heute ist ... kein
»Citoyen« ..., sondern er ist ein bundesrepublikanischer Bürger
geworden, der sich in eine soziale Nische zurückgezogen hat, um
hier seine störanfällige psychoanalytische Praxis ungestört und von
politischen Ereignissen verschont ausüben zu können«, schrieb ein
Frankfurter Psychoanalytiker über seine Kollegen.[15] Die eingeschüchterte Psychoanalyse zieht kaum mehr Nonkonformisten,
Häretiker, risikobereite Wahrheitssucher an; sie bringt eher timide,
apolitische Therapeuten hervor, die freilich mit allen Statussymbo-
len des gehobenen Mittelstandes wohlversehen sind.

13 Ebd.
14 Referiert von Parin, ebd., S. 655.
15 Wolfram Lüders, »Psychoanalyse versus Familientherapie«, in: *Psyche*
37 (1983), S. 462-469.

Das Berufsbild, an dem sich heute die Entscheidung für eine psychoanalytische Zusatzausbildung orientiert, ist das des Facharztes, nicht das eines Suchers und Verbreiters unangenehmer Wahrheiten. Unvermeidlich stehen der Habitus des heutigen Normal-Analytikers und die Lehre, an der er sich orientiert, in Widerspruch. Wie soll aufklären, wer so viel Realität ausblendet, wie soll Kritik üben, wer so quietistisch lebt? Wie lassen die Freudsche Wahrheitsliebe, Vorurteilslosigkeit und Nichtanpassung[16], wie läßt eine materialistisch-atheistische Theorie des Menschen und der Kultur, in deren Helle die bestehende Einrichtung des Lebens sich als defizient, als veränderungswürdig erweist, mit Lebensgewohnheiten sich vereinbaren, die einem Dentisten wohl anstehen mögen? Das Vorbild Freud und der nicht professionell genutzte Teil seiner Lehre überfordern viele seiner heutigen Adepten. Daher das weitverbreitete unglückliche Bewußtsein in ihren Reihen. In dem Maße, wie das Interesse der Psychoanalytiker an politischen Fragen und an der Entwicklung anderer Humanwissenschaften schrumpfte, verlor sich auch das Interesse der Fachwissenschaftler und Intellektuellen an der Psychoanalyse. Sie gilt nicht mehr als Provokation, viel eher als irrelevant. Die neue Toleranz gegenüber der Psychoanalyse hat viel mit Gleichgültigkeit zu tun. Die, die sie preisen, wissen oft nicht, wovon sie reden. Und der Achtungserfolg, den die sich selbst beschränkende Psychoanalyse erzielt hat, wird leicht mit einem »Sieg« der Freudschen Aufklärung verwechselt, von dem wir gar weit entfernt sind. Auf dem Hintergrund von Diskriminierung und Verfolgung kann das (mitunter luxuriös eingerichtete) Ghetto, in dem die Psychoanalyse heute existiert, mit einer »Machtposition« verwechselt werden.[17] Aber die reduzierte wissenschaftliche Satisfak-

16 Sie kommt in einem charakteristischen Brief Freuds an Ernst Simmel (vom 1. 7. 1927) zum Ausdruck: »Wenigstens sollten Sie sich nicht soviel Mühe geben, die Leute zu überzeugen, die nicht überzeugt werden wollen, und nicht den Eindruck machen, als ob Sie es hofften ... Grundsatz soll doch bleiben, denen nicht entgegen zu kommen, von denen man nichts zu empfangen hat und die alles von uns zu nehmen haben.« Zit. nach Horkheimer, »Ernst Simmel und die Freudsche Philosophie«, a.a.O. (Anm. 1), S. 147 (*Gesammelte Schriften*, Bd. 5, S. 405).
17 »Die Psychoanalyse, zuerst bekämpft und verspottet, dann in ihrer österreichisch-deutschen Heimat verfemt und verfolgt, ist inzwischen zu einer ideologischen Weltmacht geworden«, schrieb D. E. Zimmer in

tionsfähigkeit und der politische Quietismus ihrer Anhänger machen sie wehrloser, als sie es in den Tagen der psychoanalytischen Pioniere war. Wer wird die Psychoanalyse, wenn sie gesellschaftlich wieder in Ungnade fällt, verteidigen, wer sich für sie einsetzen?

Unter solchen Umständen brauchen wir heute ein Psychoanalytisches Forschungsinstitut, das die *Selbstaufklärung der Psychoanalyse* zu seiner Hauptaufgabe macht und Behandlung, Versorgung und Ausbildung (heutigen Stils) an bereits bestehende Institutionen delegiert. Denn alles, was im Betrieb der bestehenden Institute gut oder schlecht besorgt wird, ist ohne Zweifel »wichtig«; aber von der Klärung der in diesem Betrieb ausgeklammerten Fragen hängt die Zukunft der Psychoanalyse ab. Ihr Schicksal, eines der Einschüchterung und der reaktiven Selbstverstümmelung, bedarf der kritischen Vergegenwärtigung, soll der Bann gebrochen, das unglückliche Bewußtsein der Psychoanalytiker aufgeklärt werden.

Die erste Aufgabe eines Forschungsinstituts, das auf eine »Tendenzwende« in der Entwicklung der Psychoanalyse hinarbeitet, wäre es, die Doppelgeschichte der psychoanalytischen Bewegung und der psychoanalytischen Theorien zu schreiben. Die Aufdeckung der Abhängigkeit der einander ablösenden psychoanalytischen Theorien und Schulen von den zeitgenössischen Philosophien[18], die Rekonstruktion des Zusammenhangs der psychoanalytischen Theorieentwicklung und Organisationsform mit ihrem Kontext, der allgemeinen soziokulturellen und politischen Entwicklung, wird eine weitgehende Revision des Verhältnisses der Psychoanalytiker zu Soziologie und Historiographie einerseits, zu Philosophie und Sprachtheorie anderseits nach sich ziehen. Auch das seit den Anfängen problematische, seit der Vertreibung

seinem »Dossier«: »Der Aberglaube des Jahrhunderts« (*Die Zeit*, Nr. 45, 5. 11. 1982, S. 17). Dem korrespondierte ein Bericht über eine Tagung der DPV in Wiesbaden (K. A., »Der langsame Fortschritt«, in: *FAZ*, 13. 11. 1982, S. 27): »Statt Stolz sprach Sorge aus dem Hinweis von Dieter Ohlmeier, die von ihm geführte Deutsche Psychoanalytische Vereinigung sei ›in jeder Beziehung mit Macht und Einfluß ausgestattet‹.«

18 Vgl. als Beispiel einer solchen kritischen Ideengeschichte die Aufsätze von Rudolf Heinz zum Thema *Psychoanalyse und Kantianismus*, Würzburg 1981.

gestörte Verhältnis der Psychoanalytiker zur Politik stünde im Zusammenhang mit einer Vergegenwärtigung der Geschichte der eigenen »Bewegung« zur Revision an. Dem Psychoanalytiker, der sich heute etwa das Spektrum der von seinen Kollegen in den dreißiger Jahren tatsächlich praktizierten Verhaltensweisen gegenüber dem NS-Regime vergegenwärtigt, bleibt die Frage, was damals »richtig« und was »falsch« war, ebensowenig erspart wie die andere, ob sein eigenes politisches Verhalten mit seinem Urteil über die politische Haltung der Psychoanalytiker von damals in Einklang zu bringen ist.[19]

Zu den Voraussetzungen einer Geschichtsschreibung der Psychoanalyse gehört die (längst fällige) Erarbeitung einer historisch-kritischen Gesamtausgabe von Freuds psychoanalytischen und vor-psychoanalytischen Schriften und Briefen. Modellband könnte eine Ausgabe der *Traumdeutung* sein, die erstmals die Entstehung des Textes ebenso wie seine Änderungen und Erweiterungen in den verschiedenen Auflagen dokumentiert und durch Kommentare die Beziehungen zu konkurrierenden Traumtheorien und zu Freuds Gesamtwerk transparent macht. Im Zusammenhang mit den Vorarbeiten zu einer Geschichte der psychoanalytischen Bewegung sollte endlich auch ein zuverlässiges biobibliographisches Psychoanalytiker-Lexikon zusammengestellt werden, das Lebensschicksale und Lehrmeinungen verzeichnet. Zur Lösung dieser Aufgaben bedarf es der Weckung eines öffentlichen Interesses, der Erschließung zureichender Förderungsmittel und der Rekrutierung eines Stabes von qualifizierten Historikern, Dokumentalisten, Germanisten etc.

Eine zweite Aufgabe für ein psychoanalytisches Forschungsinstitut neuer Art wäre die Beseitigung des Zugangsprivilegs von Ärzten und Psychologen für die psychoanalytische Ausbildung. Schon die Untersuchungskommission, über deren Arbeit Heinz Kohut berichtet hat, warf die Frage auf, »ob nicht vielleicht Analytiker mit nicht-medizinischer Ausbildung – etwa Lehrer, Erzieher, Geistliche, Künstler, Philosophen, Philologen, Juristen, Historiker, Kunsthistoriker usw. – der psychoanalytischen Forschung jene kräftigen Impulse zur Ausweitung in neuen Richtungen zuführen

---

19 Vgl. dazu die in dem von H. M. Lohmann herausgegebenen Band gesammelten Aufsätze, a.a.O. (Anm. 7).

könnten, die ihr in neuerer Zeit zu fehlen scheinen.«[20] Nichts wäre neuen Ideen, dem Gespräch zwischen den Disziplinen und der Verbreitung psychoanalytischer Erfahrungen förderlicher als die Zulassung von Postgraduate-Studenten aus den Geistes- und Sozialwissenschaften, die *nicht* Psychotherapeuten werden wollen, zu Lehranalysen. Ein Forschungsinstitut für Psychoanalyse sollte einen Modellversuch mit der »Lehranalyse für Nicht-Therapeuten« durchführen und diese Aufgabe dann an geeignete Ausbildungsinstitute delegieren. »Wer eine solche Unterweisung durchgemacht hat, selbst analysiert worden ist, von der Psychologie des Unbewußten erfaßt hat, was sich heute eben lehren läßt, in der Wissenschaft des Sexuallebens Bescheid weiß und die heikle Technik der Psychoanalyse erlernt hat, die Deutungskunst, die Bekämpfung der Widerstände und die Handhabung der Übertragung, *der ist kein Laie mehr auf dem Gebiet der Psychoanalyse*«[21] – und muß gleichwohl nicht als »Laienanalytiker« (also als nichtärztlicher Therapeut) sein Geld verdienen.

Ein psychoanalytisches Forschungsinstitut, wie wir es heute brauchen, müßte zum dritten die in Vergessenheit geratene Kunst, Therapien in Fallgeschichten darzustellen, in seinen Lehrkanon aufnehmen. Nur in Fallgeschichten, wie Freud sie schrieb, läßt die einzigartige Erfahrung, die Psychoanalytiker mit ihren Patienten machen, sich objektivieren und kommunizieren, so daß sie in eine Theorie des gegenwärtigen Zeitalters eingehen kann. Die Psychoanalytiker könnten in diesem Zusammenhang – auf den Spuren von Siegfried Bernfeld und Alfred Lorenzer – damit beginnen, die Logik ihres therapeutischen Verfahrens autonom zu formulieren (d. h. ohne sich an schon vorliegende Forschungslogiken der Natur- und Geisteswissenschaften zu klammern), statt diese Aufgabe wie bisher – mit wechselndem Erfolg – an Philosophen ohne psychoanalytische Erfahrung zu delegieren. Das wäre ein wichtiger Schritt zur Wiedergewinnung der wissenschaftlichen Satisfaktionsfähigkeit, zu einer streitbaren Psychoanalyse. Die auf Wissenschaftstheorie und Darstellungsfragen konzentrierten Psychoanalytiker würden – auf den Spuren von Otto Fenichel und Paul

---

20 Kohut, »Forschung in der Amerikanischen Psychoanalytischen Vereinigung«, a.a.O. (Anm. 11), S. 743.
21 Sigmund Freud, *Die Frage der Laienanalyse. Unterredungen mit einem Unparteiischen* (1926), GW XIV, Frankfurt am Main 1963, S. 260.

Parin – sehr bald den naiven Psychologismus verabschieden und lernen, daß die *gesellschaftliche* Bedeutung von Lebensgeschichten nur auf dem Hintergrund einer angemessenen Vorstellung von Struktur und Entwicklungstendenzen der Gegenwartsgesellschaft kenntlich werden kann, daß sich die Logik der gesellschaftlichen Entwicklung nicht auf Psychologie reduzieren läßt und daß die »soziologische Denkweise« eine dem Erwerb der psychoanalytischen Hörweise vergleichbare spezielle Schulung voraussetzt.

In dem hier projektierten Forschungsinstitut müßte zum vierten auf eine systematische Erweiterung des eingeschrumpften Interessenkreises der Psychoanalytiker hingearbeitet werden[22], um eine Renaissance der »Freudschen Philosophie« vorzubereiten, nachdem jahrzehntelang die Trieb- und Kulturtheorie nur von nichtanalytischen Philosophen (wie Georges Bataille und Herbert Marcuse) oder von Einzelgängern und Außenseitern der Zunft (wie Alexander Mitscherlich) weiterentwickelt worden ist. Würde die Arbeit an der Thematik der *Drei Abhandlungen zur Sexualtheorie* und des *Unbehagens in der Kultur* wiederaufgenommen, so könnten wir endlich erfahren, was die Änderung der kulturellen Sexualmoral (die als »Liberalisierung« firmierende *Isolierung* der Sexualität) im Seelenhaushalt der Zeitgenossen bedeutet und wie sie dem Grauen einer Zivilisation, die sie dem Risiko eines Atomkrieges aussetzt, durch *Verleugnung* sich zu entziehen suchen.

Ein solches Forschungsinstitut würde rasch zu einem Zentrum für die Erarbeitung und Verbreitung unbequemer, aber befreiender Einsichten werden. Seine Mitarbeiter würden nicht mehr im unpolitischen Therapeuten ihr Ideal sehen, sondern (zum fünften) öffentliche Diskurse über die tabuierten Fragen in Gang bringen, von deren Klärung die Zukunft der Demokratie und das kollektive Überleben abhängt. Sie würden die Mittel der Freudschen Ideologiekritik zur Kultivierung der politischen Auseinandersetzungen einsetzen, die in den vor uns liegenden Krisenjahren an

---

22 »Andererseits würde der analytische Unterricht auch Fächer umfassen, die dem Arzt ferne liegen und mit denen er in seiner Tätigkeit nicht zusammenkommt: Kulturgeschichte, Mythologie, Religionspsychologie und Literaturwissenschaft. Ohne eine gute Orientierung auf diesen Gebieten steht der Analytiker einem großen Teil seines Materials verständnislos gegenüber.« Freud, *Die Frage der Laienanalyse*, a.a.O., S. 281. Freuds Curriculum wäre heute noch durch Sozialgeschichte, Zeitgeschichte, Sprachtheorie und Ethnologie zu ergänzen ...

Härte zunehmen werden. Die durch ein solches Forschungsinstitut repräsentierte Psychoanalyse wäre eine, die aus ihrem Reduit ausbricht und sich wieder der Aufgabe stellt, mit ihren Mitteln dafür zu kämpfen, »daß das Leben für alle erträglich wird und die Kultur keinen mehr erdrückt«[23].

(1983)

II

Daß die »psychoanalytische Bewegung« vor Jahrzehnten zum Stillstand gekommen ist, daß die Psychoanalytiker-Mehrheit ihren Frieden mit der Kultur gemacht und die Freudsche Kritik in eine Psychotechnik verwandelt hat, habe ich zum einen auf die »Verwissenschaftlichung« (Positivierung) der Freudschen Psychologie durch »Mandarine« wie Heinz Hartmann zurückgeführt, zum andern auf die gewaltsame Vertreibung der Psychoanalytiker-Mehrheit aus ihren Bildungszentren Berlin und Wien. Diskriminierung und Verfolgung bewogen die freudianischen Ärzte und Psychologen in den zwanziger und dreißiger Jahren dazu, ihr Heil in einer Neutralisierung der Freudschen Aufklärung und in der Desertion aus den Reihen der »Neinsager« (Siegfried Bernfeld) zu suchen. Diese Geschichte der »psychoanalytic community« hat die Entwicklung jener wunderlichen Selektions-,Ausbildungs- und Diskursformen der freudianischen Zunft nach sich gezogen, die inzwischen als Garanten der »Orthodoxie« gelten. Und diese Geschichte hat den charakteristischen, priesterlich-timiden Habitus heutiger psychoanalytischer Seelenärzte geprägt. Dem Untergang der »psychoanalytischen Bewegung« und der Reduktion der Freudschen Philosophie auf Therapie weinen sie keine Träne nach. Denn ebendieser Geschichte verdanken sie, was sie am meisten schätzen: eine unbehelligte und auskömmliche Existenz. Das Projekt, die Verfallsgeschichte der »psychoanalytischen Bewegung« mit Hilfe eines »Forschungsinstituts«, wie Freud es sich erträumte, den psychoanalytischen Praktikern bewußt zu machen und dann vielleicht mit deren Hilfe zu revidieren, gehört natürlich selbst ins Reich der Utopie …

23 Sigmund Freud, *Die Zukunft einer Illusion* (1927), GW XIV, Frankfurt am Main 1963, S. 373 f.

Auch in den vergangenen zehn Jahren ist aus dem Frankfurter Sigmund-Freud-Institut kein »Zentrum für die Erarbeitung und Verbreitung unbequemer, aber befreiender Einsichten« geworden. Und die Psychoanalytiker haben sich ihren Zeitgenossen eher als Eremiten, Moral-Prediger und Verbandsfunktionäre präsentiert denn als Menschen, die dem Aberglauben ihrer Epoche widerstehen, den Gang der kulturellen Entwicklung sich und anderen verständlich machen und gegen die drohend heraufziehende Barbarei ankämpfen. Nach wie vor gibt es keine historisch-kritische Gesamtausgabe der Freud-Schriften, nach wie vor verhindert »Pietät« die vollständige, also unzensurierte Publikation seiner Korrespondenz (mit Martha Bernays oder Arnold Zweig). »Pietät« bestimmt auch den Umgang mit der Organisations-Geschichte, die doch inzwischen als antiquarische floriert. Ein halbes Jahrhundert nach dem Ausschluß Wilhelm Reichs aus der Psychoanalytischen Vereinigung (1934) wird noch immer geleugnet, daß es einen Ausschluß überhaupt gegeben habe... Die »Laienanalyse« ist nicht rehabilitiert, geschweige denn institutionalisiert worden. Trieb- und Kulturtheorie sind außer Kurs gesetzt, und der »spintisierende Psychologismus« (Adorno) geht um, als hätte Otto Fenichel nie eine Zeile geschrieben.

Das Schicksal der Freudschen Aufklärung gleicht fatal dem der Marxschen. Aus der Kritik der Ökonomie haben zuerst reformistische Sozialdemokraten eine »Weltanschauung«, dann terroristische Stalinisten eine Staatsreligion gemacht. Die zünftlerischen Verwalter der freudschen Tradition aber haben die Freudsche Kritik der Kultur und der Seele zuerst »verwissenschaftlicht« und dann vergessen. Wo Freud – wie vor ihm Nietzsche schon und Mach – erkannte, daß das autonome Ich »nicht zu retten« sei, und darum »keinen Trost zu bringen« wußte, suchen Jahrzehnte später Therapeuten, die sich auf ihn berufen, verwirrte Seelen mit »ozeanischen Gefühlen« aufzupäppeln. Die Hoffnung auf eine Revision dieser Entwicklung durch die in Berufsverbänden, die zugleich noch immer Weltanschauungsgemeinschaften sind, organisierten Psychoanalytiker selbst ist illusorisch. Auf den Verkehrsplänen für solche Organisationen gibt es nur Einbahnstraßen. Darum können sie sich wechselnden Verhältnissen anpassen, können sie aber nicht wenden. Ihre Anhänger stehen im Bann undurchschauter Traditionen. Darum ist die psychoanalytische heute so tot wie die marxistische »Bewegung«.

Die unverstandenen gesellschaftlichen Katastrophen dieses Jahrhunderts werden zum Alptraum des nächsten werden. Neue Generationen werden nach einem Ausweg aus dem Labyrinth der Kultur suchen. Und sie werden sich bei den großen Rätsellösern des 19. und des frühen 20. Jahrhunderts Rat holen, unbekümmert um die Gefangenenwärter, die die befreienden Gedanken in ihre Systeme sperrten. Die »psychoanalytische Bewegung« ist Geschichte. Die freudsche Aufklärung aber wird noch so manche Götzendämmerung und so manche Sozialrevolution inspirieren.

(1994)

Ludger Lütkehaus
Die Vergangenheit der Psychoanalyse

Wenn man eine ganze Weile innerhalb einer bestimmten Disziplin gelebt und sich oft darum bemüht hat zu erforschen, wie ihre Ursprünge waren, verspürt man auch einmal die Versuchung, die Frage zu stellen, welches fernere Schicksal dieser Disziplin bestimmt ist. Man wird aber bald merken, daß eine solche Untersuchung von vornherein durch mehrere Momente entwertet wird. Vor allem dadurch, daß es nur wenige Personen gibt, die das menschliche Getriebe in all seinen Ausbreitungen überschauen können. Je weniger aber einer vom Vergangenen weiß, desto unsicherer muß sein Urteil über das Zukünftige ausfallen. Ferner darum, weil gerade bei diesem Urteil die subjektiven Erwartungen eine schwer abzuschätzende Rolle spielen; diese zeigen sich aber abhängig von seiner eigenen Erfahrung, seiner mehr oder minder hoffnungsvollen Einstellung zum Leben. Endlich kommt die merkwürdige Tatsache zur Wirkung, daß die Menschen im allgemeinen ihre Gegenwart wie naiv erleben; sie müssen erst Distanz zu ihr gewinnen, das heißt, die Gegenwart muß zur Vergangenheit geworden sein, wenn man aus ihr Anhaltspunkte zur Beurteilung des Zukünftigen gewinnen soll.
Wer also der Versuchung nachgibt, eine Äußerung über die wahrscheinliche Zukunft unserer Disziplin von sich zu geben, wird gut daran tun, sich der vorhin angedeuteten Bedenken zu erinnern, ebenso wie der Unsicherheit, die ganz allgemein an jeder Vorhersage haftet. Daraus folgt für mich, daß ich in eiliger Flucht vor der zu großen Aufgabe alsbald das kleine Teilgebiet aufsuchen werde, dem auch bisher meine Aufmerksamkeit gegolten hat...

Zweifellos ein weiser Entschluß, wie überhaupt Umsicht, Bedächtigkeit, fast eine gewisse Betulichkeit dem Autor dieser Zeilen nicht abzusprechen sind. Man hat es trotz der Fortlassung der Anführungszeichen bemerkt: Ich habe mir mit einigen Auslassungen und wenigen Adaptionen jenen Text zitierend angeeignet, der bei Überlegungen zur Zukunft der Psychoanalyse unvermeidlich zitiert werden muß: Freuds »Die Zukunft einer Illusion«.

Natürlich nicht in einem absurden Anfall von Größenwahn, wie man ihn selbst einem essayierenden Dilettanten in Sachen Psychoanalyse nicht nachsehen könnte; vielmehr weil der Text Signifikantes für jede Form der Prognostik, aber auch Symptomatisches für das Thema »Freud, die Psychoanalyse und die Zukunft« besagt. Bei aller unheilbaren Freud-Verehrung des Verfassers ist es öfters nichts Angenehmes.

1. Nur in zwei Schriften Freuds (1910; 1927) taucht das Wort »Zukunft« oder »zukünftig« im Titel auf. Das Jahrhundertwerk, mit dem Freud das Jahrhundert der Psychoanalyse eröffnet, die *Traumdeutung*, läßt sich als Re-Duktion einer bis dahin weitgehend für prophetisch, für prospektiv gehaltenen psychischen Dimension verstehen. Auch die Art von Wunscherfüllung, die Freud in »Die Zukunft einer Illusion« analysiert, scheint nur zukunftsbezogen; in Wahrheit ist sie das Monument einer seelisch nicht bewältigten Vergangenheit. Kurzum: Die Psychoanalyse ist recht eigentlich Vergangenheitswissenschaft; Gegenwart wie Zukunft deutet sie als vergangenheitsbestimmt.

So ist Freud zu glauben, gleich zweimal sagt er es, daß er mit seiner Prognostik einer »Versuchung« nachgibt. Unverzüglich reißt er sich dafür am erkenntniskritischen Zügel: Die Beschränktheit der persönlichen Kenntnisse, in Zukunftsfragen desto größer, je weniger man schon von Vergangenheit und Gegenwart weiß; der subjektive Faktor einschließlich eines »mehr oder minder« (Verf. neigt, wie man sehen wird, zum »minder«) ausgeprägten »Prinzips Hoffnung«; schließlich die naive Distanzlosigkeit der Menschen zur Gegenwart, die erst, wenn sie den Segen des Präteritums erhalten hat, erkenntnisgeeignet für die »Beurteilung des Zukünftigen« wird – das alles relativiert und erschwert Annäherungen an die »wahrscheinliche Zukunft«, so sehr diese auch, insofern doch in gewissem Umfang prophetisch, als »Schicksal« bestimmt wird.

Immerhin hat man das Vergnügen, daß Freud öffentlich einer Versuchung erliegt. Dabei fällt seine Prognose zur Zukunft der Psychoanalyse im Vertrauen auf die leise, aber hartnäckige »Stimme des Intellekts« (1927, S. 377) gemäßigt zuversichtlich, in bezug auf die religiöse Illusion deutlich negativ aus. Die Psychoanalyse hat wirkliche Zukunft: Freud in der einigermaßen ungewohnten Rolle des – vorsichtigen – Optimisten. Die Religion ist zukunftslos: Freud in der vertrauten Rolle des aufklärenden Desillusionisten. Die Religion firmiert vorsichtigerweise zwar nicht unverhohlen als »Irrtum« (wiewohl Freud gelegentlich durchblikken läßt, daß es sich bei ihr um eine Verleugnung der Wirklichkeit handelt). Ja, so etwas Wünschenswertes wie Wunscherfüllung ist, unabhängig von der Wahrheitsfrage, der Charakter der Religion. Aber ebendas qualifiziert sie zur Illusion.

Ein zugleich psychoanalyse- wie religionsgetreuer Jünger wie Oskar Pfister konnte sich angesichts dessen bekanntlich die Replik nicht verkneifen: »Die Illusion einer Zukunft« (1928). Diese Umkehrformel ist natürlich von gutchristlichem Revanchismus nicht frei: Pfarrer Pfister mochte verständlicherweise an die »Prophezeiung einer religionslosen Zukunft« (S. 149) nicht glauben. Er reagierte mit einer Doppelstrategie, die seiner Doppelbindung entsprach: Einmal enttarnte er den Szientismus Freuds, seinen paradoxen »Glauben an die menschheitsbeglückende Wissenschaft« (S. 170) selber als Ersatzreligion und wunscherfüllende Illusion. Im selben Atemzug betätigte er sich nach Theologenart als Täufer: Der vermeintliche Atheist Freud fand sich unversehens »nicht ferne vom Reiche Gottes« (S. 150) wieder, ja, »dem Throne Gottes« nahe – gewiß eine überraschende Position. Was nämlich hatte Freud getan? Nichts anderes, als die »Religion aus Religion bekämpfen« (S. 150). Man kennt das: »denn er war unser« – die Eingemeindung des Gegners als Missionsmethode. Vielleicht muß man aber nur von Pfisters Wertung und Intention, nicht von seiner Diagnose als solcher abstrahieren, um eine authentische Analyse zu erhalten. Kann man etwa so sicher wie Freud sein, daß die Psychoanalyse keine Illusion wäre? Und die Rede von ihrer Zukunft – ist sie wirklich mehr als die wunscherfüllende Illusion von der Zukunft einer Illusion? Warum überhaupt die diversen Illusionen, Psychoanalyse und Religion, so gegeneinanderstellen? Hat die Psychoanalyse es nicht wenigstens zu einer Kirche, zu einer dogmatisierten, institutionalisierten, hierarchisierten Kirche mit den obligatorischen Sektenbildungen gebracht – wie es nun einmal bei Kirchen öfters ist, den subtileren Formen der Indoktrination und des Psychoterrors nicht ganz abgeneigt?

Die Psychoanalyse verstand und versteht sich hier und da noch als Teil jener eindrucksvollen kulturellen und gesellschaftlichen Befreiungsbewegung, die sich mit einem von der gleichermaßen snobistischen wie korrupten Postmoderne nur noch naserümpfend verwendeten Namen »Aufklärung« nannte. Beide haben zentrale Impulse gemein, die Freuds unfromme frohe Botschaft von der illusionären Zukunft der religiösen Illusion geradezu emphatisch artikuliert. Beide stehen im Zeichen der Kritik. Beide orientieren sich am Maßstab der Autonomie. Beide sind im Kern desillusionierend. Daß Aufklärung als Idolkritik begann und in Freuds Illusionskritik einen ihrer späten Höhepunkte erreicht, bindet beide, solange die Psychopathologie des gegenwärtigen Lebens noch nicht ganz das historische Gedächtnis überwältigt hat, unauflöslich zusammen: »psychoanalytische Aufklärung« (Freud 1910, S. 114 und viele Male öfter) – ein Synonym.

Desillusionierung freilich ist eine Kraft (wie übrigens auch bei allem Realitätsprinzip eine tiefe geistige Lust), die sich nicht beliebig sistieren, gar lahmlegen läßt. Warum sollte sie also irgendwo haltmachen? So schlägt sie auf die geistigen Bewegungen zurück, die in ihrem Namen operieren. »Aufklärung der Aufklärer«, »Desillusionierung der Desillusionierer«, d. h. der Illusionen der Desillusionierer, möglicherweise einschließlich derjenigen, sie wären eben das: so formuliert sie ihr Programm.

Was an der Psychoanalyse weder aufgeklärt noch Aufklärung ist, kann dem nicht entgehen. Das müssen keineswegs nur späte genaufklärerische Entstellungsgeschichten und Regressionen, das können auch voraufklärerische Residuen, die hereditären Skripte unaufgelöster Vergangenheit sein. Die Analyse der Analyse fordert mehr als die Analyse der Analytiker, die die Institution der »Lehr-Analyse« – eine contradictio in adjecto – ihrerseits schon nicht institutionssprengend, sondern integrativ betreibt. Kurz und gut: Thematisch wird hier die Psychoanalyse als Illusion, pointiert als Illusion von Aufklärung und Desillusion. Und die Frage nach ihrer Zukunft wird gestellt als die Frage nach der Zukunft einer Illusion; soweit diese Zukunft selber eine Illusion ist, als die Frage nach der Illusion von der Zukunft einer Illusion.

Dank des ihr konstitutiv mitgegebenen selbstkritischen Masochismus läßt aufklärende Desillusionierung es sich freilich auch nicht nehmen zu fragen, welche Zukunft *sie* denn noch hat. *Daß* sie eine hätte, ist wohl auch Illusion. Aber man kann in diesen Dingen nicht gründlich genug werden. Am Ende ist die Illusion von der Zukunft der Psychoanalyse nur ein Segment von der Zukunft *als* Illusion.

Man sieht, die Formel Pfisters reicht weiter, als er das selber im

Sinn hatte – man muß den Mund nur so voll nehmen, wie allein die schon berufenen essayierenden Dilettanten es riskieren können: bekenntnisfreudig, programmatisch, immer zu einer Grundsatzerklärung aufgelegt. Um so mehr tut man klug daran, Pfisters Selbstbeschränkung im Ohr zu behalten: Es kann nicht darum gehen, den »Prophetenmantel« um sich zu schlagen (1928, S. 150); die Bescheidung auf die Meteorologenrolle tut not. Und gerade Meteorologen lügen oft das Blaue, wahlweise, wie im folgenden, das Pechschwarze vom Himmel herunter. Im übrigen darf man von Anfang an die Rückversicherung mitnehmen, daß Freuds Illusionsbegriff wirklich sehr weitsichtig, in Krisenzeiten ausgesprochen hilfreich ist: Kein Irrtum, dafür Wunscherfüllung – was will man mehr für die Zukunft einer Wissenschaft verlangen? Und ist nicht Illusionsfähigkeit überhaupt der einzig mögliche Garant von Zukunft?

Noch klüger tut man allerdings daran, vorerst einmal zu klären, was denn die vollmundige Rede von der Psychoanalyse als Illusion von Aufklärung und Desillusionierung überhaupt heißen soll. Ich versuche das mit einigen unsystematischen Hinweisen auf die ihr eingeschriebenen Spuren von ideologischem Bewußtsein, auf die inhärenten Herrschaftsmetaphern und -modelle. Sind diese Hinweise nach professionellen Maßstäben Trivialitäten, längst erledigte Selbstverständlichkeiten oder auch hanebüchene praxisferne Verbalradikalitäten, von jeder geduldig differenzierenden Erfahrung ungetrübt: um so besser für die allerwirklichste Wirklichkeit.

2. Seit den Anfängen der Psychoanalyse, seitdem Freud als Entdeckungsreisender, der er von Jugend auf war und immer blieb, die Tiefen jenes »wahren inneren Afrika« zu erkunden versuchte, als das schon Jean Paul das doppelt »ungeheure«, nämlich riesige und unheimliche Reich des Unbewußten imaginiert hatte (vgl. Lütkehaus 1989, 1995), ist die Psychoanalyse von einem *explorativen* und einem *kolonisatorischen* Impuls geprägt: von einem Willen zu wissen und einem ebenso starken Aneignungs- und Beherrschungswillen. Joseph Conrads im selben Jahr wie die *Traumdeutung* erschienenes *Heart of Darkness* liefert die zeitgenössische Illustration für den »Horror«, der dabei herauskommt, wenn der weiße Mann das Herz der Finsternis kolonisiert. Gerne bestimmen wir die Psychoanalyse als »Wissen vom Unbe-

wußten«, ohne auch nur der enormen Paradoxie, ja Aporie inne-
zuwerden, die dieser Formel innewohnt. Wie ist überhaupt ein
Wissen vom Unbewußten möglich? Psychoanalyse versucht von
etwas zu wissen, was *als* Unbewußtes bestenfalls approximativ
wißbar ist und sich nur indirekt erschließt; recht besehen, müßte
es immer in Anführungszeichen gesetzt werden. Von Jean Paul
über Nietzsche bis zu Freud bleibt sich dieses problematische
Wissen, soweit es von sich selbst weiß, folgerichtig bewußt, daß es
einer Unbekannten in allen menschlichen Gleichungen, einem nie
definitiv auflösbaren »X« (C. G. Carus) gilt. Nietzsches Lehre
vom Phänomenalismus der inneren Welt wendet den Erkenntnis-
Kritizismus Kants in bezug auf das »Ding an sich« konsequent
nach innen. Wie steht es mit den Bedingungen der Möglichkeit
der Erkenntnis beim »Ding *in* sich«, das als solches nie »für uns«
ist, weder für den Patienten noch für den Arzt, und ohnehin kein
Ding? Noch Freud hat den erkenntniskritischen Vorbehalt Kants
wiederholt bekräftigt. Er hat davor gewarnt, und zwar unter aus-
drücklicher Berufung auf Kant, die bewußten Wahrnehmungen
des Unbewußten mit den unbewußten Vorgängen selber zu verwechseln (1913, S. 270). Ludwig Binswanger vermerkt in seinen
Berichten über die Treffen mit Freud (1992, S. 160 f.):

»Aus den mannigfachen Gesprächen, die ich mit Freud führen durfte,
möchte ich noch einiges herausheben: 1. seine Anschauungen über das
Unbewußte. Ich hatte in dem betreffenden Gespräch angeknüpft an einen
Ausspruch von ihm in der Mittwochsitzung ›Das Unbewußte ist meta-
psychisch, wir setzen es einfach real!‹ Dieser Satz sagt ja schon, daß Freud
sich in dieser Frage bescheidet. Er sagt, wir gehen so vor, als *ob* das
Unbewußte etwas Reales wäre, wie das Bewußte. Über die *Natur* des
Unbewußten sagt Freud als echter Naturforscher nichts aus, eben weil wir
nichts Sicheres davon wissen, vielmehr es nur aus dem Bewußten erschließen. Er meint, wie Kant hinter der Erscheinung das Ding an sich postu-
liere, so habe er hinter dem Bewußten, das unserer Erfahrung zugänglich
ist, das Unbewußte postuliert, das aber nie Objekt direkter Erfahrung sein
könne.«

Insofern trifft Pfister, der Kants Kritizismus gegen Freuds Wis-
senschaftsoptimismus ausspielen zu können glaubt (1928,
S. 173 ff.), völlig ins Leere.
Schwierig freilich ist es, dieses selbstkritische Bewußtsein aufrechtzuerhalten. So hat auch die Psychoanalyse, zu schweigen von
den tiefenpsychologischen Sezessionen, nach Art aller Wahrheits-

besitzer, deren Omnipotenz- als Omniszienzwünsche die Illusion definitiven Wissens pflegen, ein Wissen vom Unbewußten prätendiert, ohne ihrer konstitutiven Grenzen bewußt zu bleiben. Nicht nur in der Metapsychologie: der Fortführung vorkritischer Metaphysik und Seelenlehre mit den berühmten »anderen Mitteln«, hat sie oft genug mit neuesten Nachrichten aus dem Jenseits des Bewußtseins aufgewartet, als wäre es schlimmstenfalls der Keller des eigenen Hauses, in dem doch, nach Freuds bekannter Theorie von den drei großen narzißtischen Kränkungen der Menschheit im Laufe ihrer Wissenschaftsgeschichte, das Ich schon seit der mit Schopenhauer beginnenden psychologischen Kränkung nicht mehr Herr ist. Die kantianische, die erkenntniskritische Kränkung und auch den Kantianer in Schopenhauer hat Freud neben Marx und der sozioökonomischen Kränkung dabei freilich vergessen.

Das seiner selbst gewisse Wissen vom Unbewußten hat sich bei ihm am positivistischen Wissenschaftsverständnis orientiert. Die legitimatorische und also die potenzierte Bedeutung dieses Freudschen Positivismus wird heute oft übersehen: Wer mit soviel phantastischem Schweinekram kam wie er, mußte wenigstens eine Hard-core-Wissenschaft bieten. Aber mit Pfister kann man hier in der Tat auch andere Residuen sehen: wenn nicht den Wahrheitsanspruch einer Wissenschaftsreligion, so doch die Fortführung des *Dogmatismus als Szientismus*, Wissenschaft als wunscherfüllende Wissensillusion.

Gravierender noch der *kolonisatorische* Wille zur Aneignung und Beherrschung, der mit der Illusion des Wissens einhergeht. Auch das ließe sich modellhaft an der Entwicklung von Freuds »afrikanischem Komplex« verfolgen; ich deute es hier nur kurz an. An den Briefwechseln mit Silberstein und Ferenczi und vor allem mit Martha Bernays läßt sich ablesen, wie groß Freuds Faszination und Irritation durch die äußeren und inneren Abgründe des »dark continent« war. Was macht man da, als Seelenforscher und Verliebter, der den Kopf gleichwohl gerne oben behalten möchte? Stößt man zum Beispiel beim undurchsichtigen Geschlechtsleben des kleinen Mädchens, mehr noch bei dem des »erwachsenen Weibes« auf einen ganzen »*dark continent* für die Psychologie« – so Freuds inzwischen berühmteste und berüchtigste afrikanische Metapher (1926, S. 241) –, so ließe das eigentlich auf Vorsicht und eine gewisse erkenntniskritische Mentalreserve hoffen. Aber das hindert den Mann, den weißen Mann Freud dann doch nicht, beruhigenderweise das Wichtigste von diesem *dark contintent* zu wissen: So beängstigend potent und undurchschaubar es auch scheint: Inner-Afrika strotzt nur so vor Penisneid!

Und dann die ganze »psychische Urbevölkerung, der Inhalt des Unbewußten« (Freud 1913, S. 294). Sie muß man missionieren, kolonisieren, domestizieren. Freud ist der Mann, der die Triebe, wenn das nur ginge, am liebsten taufen würde. Auf jeden Fall muß die Psychoanalyse die Eindämmung und Trockenlegung der inneren Zuider-See betreiben. Wo afrikanisches oder meerhaft-wildes und stürmisches Es war, soll Ich werden – dieser willkommenste aller Sätze Freuds, der inzwischen zur Ehre der Altäre aufgestiegen ist, weil er wie kein anderer die Wünsche aller Moralapostel und Zoodirektoren erfüllt, ist nie, nicht einmal im geistigen Probehandeln, umgekehrt worden. Und nur der Sache nach, nicht in der programmatischen, zitierfähigen Explikation, wurde die Ergänzung hinzugefügt: Wo Über-Ich war, soll Ich werden. Was will man mehr neben einem seiner selbst gewissen Wissen von dem Gründer einer ekklesiomorphen Organisation verlangen?

Diese zumindest partielle Ekklesiomorphie ließe sich eindrucksvoll an einem der aufschlußreichsten Kapitel der Geschichte der psychoanalytischen Moralwissenschaft, ihrer Auseinandersetzung mit der Onanie, demonstrieren (vgl. Lütkehaus 1992). Das schöne Thema darf man indes nicht kursorisch erledigen. Ich beschränke mich deshalb auf einige Schlußfolgerungen in bezug auf den dogmatischen Komplex und die ihm entsprechenden hierarchischen Verkrustungen.

Die Urszene der Psychoanalyse ist, wie bekannt, dadurch gekennzeichnet, daß Freud sich in einem großartigen Akt der Selbst- und Fremdbefreiung von den hypnotisch-suggestiven Verfahren abund über das kathartische *chimney sweeping* der *freien Assoziation* zuwendet. Sie und die ihr folgende gleichschwebende Aufmerksamkeit des Analytikers ist nach wie vor das eigentlich sprengende, das anarchische Element der Psychoanalyse, radikal von den tradierten ekklesiogenen Konfessionstechniken unterschieden: Freie Assoziation, das ist eine scham-lose, also keine Beichte. Die Psychoanalyse hat sich freilich angewöhnt, freie Assoziation und Deutung ausschließlich als therapeutisches Kooperationsverhältnis, nicht das enorme *Spannungs*verhältnis zwischen beiden zu sehen. Und die Deutung läuft immer Gefahr, zumal verselbständigte orthodoxe Deutungsrituale, in selbstgewisses Wissen, in Zuschreibungen, die Verschreibungen, Präskripte sind, und die zugehörigen Bemächtigungswünsche abzugleiten. Der Deuter wird zum Mantiker, zum Priester hinter der Couch. Die Illusion des Wissens vom Unbewußten ist das Echo der alten Rolle, in der psychoanalytische Aufklärung auf Voraufklärung regrediert. Habermas hat diesen Zusammenhang so prägnant formuliert, daß man an dem Ausdruck seiner Zuversicht in bezug auf die Förderung kommunikativer Kompetenz durch den analytischen Prozeß nur den Akzent ändern muß: »In Herrschaft wird sich dieser Prozeß, der auf Auflösung von Abhängigkeiten zielt« dann verkehren, »wenn er (...) Interpretationen aufdrängt – die Adressaten müssen die unzweideutige Chance haben, angebotene Interpretationen (...) anzuerkennen oder abzuweisen. Aufklärung, die nicht in Einsicht d. h. in zwanglos akzeptierten Deutungen terminiert, ist keine« (1973, S. 387).

So ist es. Habermas' Forderung nachzukommen scheint zwar weiter kein Problem. Aber wie soll der deutende Analytiker der Suggestion seines so wünschenswerten Wissens entgehen? Das Zitierte steht in einem Text, der die Utopie des guten Herrschers kritisiert. Mit Grund; denn es gibt keinen guten Herrscher, wie es keinen selbstgewissen Aufklärer gibt. Frei nach dem präzisen Wort Jacob Burckhardts ist die Macht wie das definitive Wissen »an sich«, nun ja, nicht »böse«, aber zuverlässig schlecht.

Das führt auf die heikle *Asymmetrie* der psychoanalytischen Situation. Ihrem Selbstverständnis nach intendiert sie die Wiedergewinnung, vielleicht die erstmalige Gewinnung symmetrischer Kommunikationsmöglichkeiten (vgl. die noch sehr zuversichtliche Darstellung von Cremerius 1984, S. 178 ff.). Das Setting, das Verfahren aber ist dem kraß entgegengesetzt. Dafür gibt es gute therapeutische Gründe; und essayierende Dilettanten, sollten sie einmal als Patienten davon profitiert haben, müssen das nicht vergessen. Es bleibt aber ein kühnes Unterfangen, aus dem Stande, mehr: *durch* den Stand der Ungleichheit symmetrische Kommunikation ermöglichen zu wollen, Freiheit durch Ungleichheit und Ungeschwisterlichkeit. Ohne daß man sich zu dem Umkehrschluß versteigen müßte, alle asymmetrischen seien Herrschaftsverhältnisse, ist es doch von Nutzen, sich gelegentlich daran zu erinnern, daß Herrschaft prinzipiell Asymmetrie herzustellen sucht und auf ihr beruht. Mit dem illusionszerstörenden, aufklärenden Ausgang aus Unmündigkeit hat sie nichts im Sinn. Die meisten Kirchen etwa, auch die Psychoanalyse, soweit sie institutionell hierarchisiert ist, definieren sich geradezu als Basis-*Unde*mokratie. Das klingt unvermeidlich nach spätpubertärem post-68er Emanzipationsgequengel. Unser Leben besteht über weite Strecken aus Situationen, die asymmetrisch und gerade deswegen manchmal hilfreich sind. Aber die Herrschaftsimplikationen der Asymmetrie sind tief in die Geschichte der Psychoanalyse und einige ihrer Grundkonzepte eingezeichnet. Nichts anderes war die unwillkommene Botschaft, als der späte Ferenczi mit dem Konzept der »mutuellen Psychoanalyse«, wie praktikabel auch immer, den Aufstand zur Wiederherstellung der Symmetrie probte.

Die *Übertragung* zum Beispiel. Die Patienten laborieren bekanntlich an ihr und profitieren im therapeutischen Prozeß von ihr. Im Gefolge der Spielrein-Affäre wird dann von Freud und Jung am eigenen oder auch am fremden Seelenleibe die erhellende Entdeckung der *Gegenübertragung* gemacht. Aber noch dieses Konzept ist von Asymmetrie geprägt, weil es die selbstverständlich von Anfang an auch im Analytiker ablaufenden Übertragungsprozesse bloß reaktiv interpretiert und so die analytische Situation willkürlich und einseitig »interpunktiert« (nach dem plastischen kommunikationstheoretischen Begriff Watzlawicks). Noch als »Gegenübertragende« wollen sich die Analytiker die Asymmetrie nicht nehmen lassen. Es ist aufschlußreich, obwohl hart am Rande des gegenaufklärerischen Spiritismus, daß der Symmetrie-Freund Ferenczi frühzeitig ein vehementes Interesse an Prozessen der Gedankenübertragung zwischen Patient und Therapeut entwickelte. Warum? Weil in diesen Prozessen ans Licht kommt, was gleichzeitig und gleichermaßen bei Patient und Therapeut abläuft.

Ähnliche Herschaftsimplikationen und Aufklärungsillusionen zeigt schließlich auch der *Widerstands*-Begriff. Gewiß, auch er hat seinen guten therapeutisch-analytischen Sinn – zumal, wenn er intrapsychisch gefaßt wird. Die leitende Konnotation, durchweg im blinden Winkel der Selbstwahrnehmung der Zunft, ist aber allemal die, daß Widerstand etwas zu Überwindendes, wie Abwehr etwas zu Bekämpfendes sei. Und wenn, wie zugegebenermaßen nur schwer vermeidlich, die Überwindung des intrapsychischen Widerstandes mit der des interpsychischen gegen den

Analytiker einhergeht, wird die Konnotation heikel. Denn seit je ist es die väterliche Sorge aller Seelsorger gewesen, daß sich die arme Seele nicht in Trotz und Verstocktheit verschließe. Auf der Gegenseite darf man getrost unterstellen, daß die Neigung, Unterwürfigkeit und Gefügigkeit zu überwinden, durchaus geringer als die zur Widerstandsüberwindung ist.

Die Applikationen auf eine psychoanalytische Institutionenlehre, die die Lehre von den Institutionen der Psychoanalyse einschlösse, spare ich mir. Dostojewskijs treffendes Wort, daß die Psychologie ein Stab mit zwei Enden sei, könnte die unumgängliche »recherche de la symétrie perdue« jedenfalls auch in der Psychoanalyse fördern (die diesen Stab, wie freilich verständlich und ja auch lustvoll, lieber an einem Ende faßt). Alles andere ist Illusion, zwar Wunscherfüllung, aber Erfüllung solcher Wünsche, in denen die heilige voraufklärerische Dreifalt von selbstgewissem Wissen, fürsorglicher Herrschaft und in allem bestimmender Asymmetrie, geschützt von der Illusion der Aufklärung, fortdauert. »Wahrheiten sind Illusionen, von denen man vergessen hat, daß sie welche sind« (Nietzsche). Die Wahrheit der Psychoanalyse ist die Vergessenheit einer Illusion. Sollte man dieser Illusion eine Zukunft wünschen? Oder braucht man das gar nicht, weil Illusionen dieser Art inzwischen das einzige sind, was noch Zukunft hat?

3. Der zweite Titel Freuds, der von der Zukunft spricht, gilt den »Zukünftigen Chancen der psychoanalytischen Therapie« (1910). Er ist geeignet, die umrissenen dogmatisch-vorkritischen und hierarchischen Momente zu unterstreichen die der Illusion von Aufklärung und der Realität von Macht dienen. Zugleich gibt er der Frage nach der Illusion von der Zukunft der psychoanalytischen Illusion schärfere Konturen.

Der skeptische Realist und Pessimist Freud zeigt sich hier, so sehr er noch von der »Depression über die Größe der Schwierigkeiten« der Psychoanalyse weiß (S. 104), von einem geradezu euphorischen Fortschrittsentzücken. Von drei Seiten her sieht er rosige Zukunftsaussichten: 1. vom »inneren Fortschritt« her, der näherhin sowohl den Fortschritt des analytischen Wissens wie den der Technik umfaßt. Daß Freuds Formeln und Sätze in beiden Hinsichten verräterisch sind, wäre zuwenig gesagt: »Wir wissen natürlich lange noch nicht alles« (S. 105), aber immerhin: Wir sind auf dem besten Wege, »das Gesetzmäßige im Aufbau der verschiedenen Formen von Neurosen (. . .) in knappe Formeln« zu bannen und dadurch auch »unser prognostisches Urteil« zu sichern (S. 107). Die Illusion des Wissens ist über unzeitige Selbstbescheidung hinaus. Das »bannende« Wissen überschreitet die Grenze zu Magie und Prophetie.

In technischer Hinsicht sieht es etwas »freundlicher« aus: Die psychoanalytische Kur ist nicht mehr »unerbittlich und erschöpfend« (S. 105), sie drängt den Patienten nicht mehr unausgesetzt. Sie hilft ihm nur bei der Auffindung und Überwindung seiner inneren Widerstände. Und der Arzt hat »seine eigenen Komplexe. und inneren Widerstände« und die »Gegenübertragung« entdeckt (S. 108). Diese allerdings wird so linear, nicht reziprok interpunktiert, daß sie sich erst »durch den Einfluß des Patienten auf das unbewußte Fühlen des Arztes einstellt«. Die Widerstände wiederum haben sich »klassifizieren« lassen; getrost läßt sich sagen, daß »die bedeutsamsten Kurwiderstände vom Vaterkomplex auszugehen und sich in Furcht vor dem Vater, Trotz gegen den Vater und Unglauben gegen den Vater aufzulösen« scheinen (S. 107 und 109). Kurzum: Es sieht sehr gut für den »Machtzuwachs unserer Therapie« aus (S. 105); sie wird »Präzision und Erfolgssicherheit« erreichen (S. 109). Gleichwohl ist noch nicht abzusehen, »inwieweit den bekämpften Trieben des Kranken ein Stück Befriedigung während der Kur zu gestatten ist« (S. 109).

Mit der zweiten Zukunftsperspektive verläßt Freud die inneranalytische Szenerie. Die wichtigsten Momente, die die Zukunft der Illusionen und die Zukunft einer desillusionierenden Wissenschaft betreffen, werden hier thematisch.

Freud sieht einen enormen Autoritätszuwachs für die Psychoanalyse voraus. Eigentlich herrscht eine prekäre Beziehung zwischen ihr und der Gesellschaft. Denn die Psychoanalyse verhält sich »kritisch« gegen die Gesellschaft. Sie weist ihr einen großen Anteil an der Verursachung der Neurosen zu. Sie sagt ihr »unerwünschte Wahrheiten«, zerstört Illusionen, wenn sie nicht gar, wie man ihr vorwirft, »Ideale in Gefahr« bringt (S. 111). Also muß sich die Gesellschaft »im Widerstande« gegen die Psychoanalyse befinden. Das hat sie denn auch bisher getan: Die »Autorität der Gesellschaft« und »die enorme von ihr ausgehende Suggestion« (S. 109) war gegen die Psychoanalyse. Und diese Autorität und Suggestion sind ja in einer »Autoritätssucht und inneren Haltlosigkeit der Menschen« fundiert, die man sich gar »nicht arg genug vorstellen« kann (S. 109). Aber gleichzeitig ist beruhigenderweise auf ebendiese Autoritätssucht Verlaß, mag auch »das Intellektuelle« (nicht: »*der* Intellektuelle«) »eine Macht« sein (S. 111). Diese Sucht nämlich wird in Zukunft der Psychoanalyse zugute kommen.

Für den Wandel des Autoritätskomplexes bietet sich dem Analytiker Freud ein bemerkenswertes, soweit zu sehen, völlig naiv ausgemaltes Bild an. Weit hinten in der Türkei nämlich, »meine Herren!«, da darf der Frauenarzt allein an dem Arm, den die Frau ihm »durch ein Loch in der Wand entgegenstreckt« (S. 110), den Puls fühlen. Aber was alles steht ihm nicht offen, wenn »die Suggestion der Gesellschaft die kranke Frau« zum Psycho-»Gynäkologen drängt«, mit dem die Gesellschaft jetzt im Bunde ist. Er wird zum »Helfer und Retter der Frau« avancieren – was nicht hindert, daß die Theorie des analytischen Pulsfühlers der imaginär »gelöcherten« Frau weiterhin einen vom Penisneid erigierten Arm zuschreibt, den sie ihm entgegenstrecken möchte, aber kraft natürlichen Defektes leider nicht tatsächlich entgegenstrecken kann.

Wie immer: Auch der Widerstand der Gesellschaft wird im Laufe der Zeit überwunden werden und sich in Unterstützung verwandeln – mit dem Effekt, daß sich die Richtung von Autorität und Suggestion, aber nicht die Disposition zur Unmündigkeit und Herrschaft verändert hat.

Schließlich setzt Freud die Zukunftshoffnungen der Psychoanalyse in ihre Allgemeinwirkung; soll heißen, daß der Erfolg der Einzeltherapie auch bei der Masse eintreten muß. »Psychoanalytische Aufklärung« (S. 114), immer wieder spricht Freud von Aufklärung und Aufklärungsarbeit, wird sich insgesamt nicht aufhalten lassen. Phantasiewelten werden durch Wirklichkeit, Lüge durch Ehrlichkeit, die Verleugnung der Triebe durch das Bekenntnis zu ihnen, nicht zu verwechseln freilich mit der Nachgiebigkeit gegen sie, abgelöst werden.

Die Beispiele für den psychoanalytisch induzierten Gesellschaftsfortschritt in seiner Eigenschaft als Aufklärungsprozeß darf wieder der *dark continent* liefern: Den Bauernmädchen bleiben plötzlich dankenswerterweise die Halluzinationen von der Heiligen Jungfrau aus. Oder man denke nur an eine Landpartie: Die Damen können nicht mehr ihre Zuflucht zur poetischen Umschreibung ihrer »natürlichen Bedürfnisse« nehmen. Sie müssen

Farbe bekennen. Doch »keiner der Herren wird daran Anstoß nehmen« (S. 114); denn die »Toleranz der Gesellschaft (...) im Gefolge der psychoanalytischen Aufklärung« hat bedeutende Fortschritte gemacht. Ob also nun beim Psychogynäkologen, auf mariologisch retardierten Bauernhöfen oder beim ländlichen Wasserlassen – die Zukunft hat schon begonnen. Die ganze Gesellschaft wird »zu einem wahrheitsgemäßeren und würdigeren Zustand« umkehren (S. 115). Und wo das Realitätsprinzip herrscht, schreit nun die sonst neurotisch absorbierte Energie nach den fälligen kulturellen Veränderungen: »Allons enfants de l'Analyse / le jour de gloire est arrivé...« – ganz wunderbar.

Freilich fallen auch einige Kosten an. Selbstverständlich wird jetzt »durch die indiskreten Aufklärungen der Psychoanalyse« etwas so schwer Ersetzliches wie die »Flucht in die Krankheit« und der damit einhergehende Krankheitsgewinn versperrt. Das Gesundheitsversprechen lautet dafür, daß man in Zukunft »standhalten«, »kämpfen«, »verzichten« darf: gute Aussichten. Für einige wenige wird das nicht von Vorteil sein: Sie werden »rasch zugrunde gehen oder ein Unheil anstiften, welches größer ist als ihre eigene neurotische Erkrankung« (S. 114). Deswegen darf der Analytiker »dem Leben nicht als fanatischer Hygieniker oder Therapeut« entgegentreten – auch wenn er alles in allem eher wie ein Psychodarwinist spricht: Das »Unglück« der »rasch zugrunde Gehenden« »wird doch nur einzelne«, und die eben ganz schnell »betreffen«. Wo fortgeschritten wird, da fallen Späne.

Vor allem: noch die »wahrheitsgemäßeste und würdigste« psychoanalytische Aufklärung wird wieder den »Umweg über die gesellschaftliche Autorität« gehen (S. 115). Die Frage ist nur, ob das nicht längst zu ihrem direkten Weg geworden ist. Widerstandsüberwindung, das ist jedenfalls der Kern dieser frohen Botschaft zu den zukünftigen Chancen der psychoanalytischen Therapie, terminiert in Autorität. Freud verspricht der psychoanalytischen Aufklärung dezidiert als Desillusionierung, als Kritik, als Autonomisierung eine große Zukunft, setzt aber gleichzeitig auf Prinzipien, die die Grenzen der Aufklärung markieren, sie zur Illusion machen: Illusion einer Desillusionierung.

4. Aber lassen wir den armen, den verehrten, den großen Freud; Trotz und Unglauben haben lange genug auf ihn eingeschlagen. Wenden wir uns jenem Text zu, der das Junktim von Psychoana-

lyse und Zukunft am euphorischsten feiert: Thomas Manns Festrede auf den 8ojährigen Freud (1936).

Eigentlich spricht Thomas Mann die ganze Zeit über sich, Freud und den Mythus, doch dann tritt die Zukunft für den Mythus ein – eine Umbesetzung, die zu denken gibt. Der Festredner zeigt sich von »Zukunftsahnung«, »Zukunftsfreude« frömlich ergriffen; ja, der »Begriff der Zukunft« ist für ihn erstaunlicherweise derjenige, den er »am liebsten und unwillkürlichsten mit dem Namen Freuds« verbindet (S. 229).

Die Psychoanalyse wird dabei weniger als »Wissenschaft des Unbewußten«, vielmehr als »überindividuelle Heilmethode, Heilmethode großen Stils« (S. 230) verstanden. Dank ihr soll die Menschheit in ein »keckeres, freieres und heitereres« Verhältnis zu den »Mächten der Unterwelt, des Unbewußten, des ›Es‹« treten. Psychoanalytische Einsicht ist weltverändernd, weil sie einen »heiteren Argwohn« in die Welt bringt, der die »rohe Naivität« des Lebens infiltriert, ihm das »Pathos der Unwissenheit« nimmt und seine »Entpathetisierung« betreibt. Das »Understatement«, von dem diese Festrede selber nichts weiß, wird als die zugehörige Geste gefeiert.

Thomas Manns leitende Polarität von »Kunst« resp. »Geist« und »Leben« hat sich hier in die von Psychoanalyse und Leben transformiert. Psychoanalyse wird von ihm als ironische, gleichsam »kunstreife« Desillusionierung des roh-unwissenden Lebens begriffen, das seiner »Verstecktheiten und Machenschaften« eigentlich nicht inne werden will. Und damit soll auch die Heilung der »großen«, der »neurotischen Angst« und des zugehörigen großen Hasses möglich werden, die bisher das Verhältnis zu den unbewußten Mächten der Unterwelt bestimmt haben.

Das genauere Zugehörigkeitsverhältnis des Hasses zur Angst bleibt dabei unbestimmt: Handelt es sich um eine Reaktionsbildung, wie Thomas Mann Haß und Angst insgesamt als Reaktionsbildungen auf das Unbewußte zu verstehen scheint? Oder spricht nicht aus dem Haß die Roheit und Brutalität der »Mächte der Unterwelt« selbst? Wie auch immer: die Psychoanalyse ist allem gewachsen, weil sie durch alles, wenigstens durch »vieles hindurchgegangen« ist, von vielem in Keckheit, Heiterkeit und Freiheit weiß. Und so wird sie zur Grundlegung einer »neuen Anthropologie und damit zum Fundament der Zukunft, dem Hause einer klügeren und freieren Menschheit« beitragen. Ihr Reich wird eine »heiter ernüchterte Friedenswelt« sein (S. 231). Der Jubilar selber ist der »Wegbereiter eines künftigen Humanismus«. Für den »kolonisatorischen Geist und Sinn seines Forschertums« steht sein Programm zur Trockenlegung der Zuidersee des Es zugunsten dämmend-gedämmter Ichbildung ein. Und so ähnelt er unversehens dem ehrwürdig-greisen Faust, der »auf freiem Grund mit freiem Volke« zu stehen wünscht: dem »Volk einer angst- und haßbefreiten, zum Frieden gereiften Zukunft«.

Das ist ein Wort! Ziemlich heiter geht es hier zu. Die nächstliegende Erklärung ist natürlich die, daß es eben das Wort einer Jubelfeier ist; die positivste Lesart die, daß es sich im Blick auf den zeitgenössischen Kontext um eine einzige Beschwörung der »Mächte der Unterwelt« handelt, einen festrednerischen Versuch in Mythus und Magie. Die Rede wird 1936 in Wien, antizipatorischerweise am 8. Mai, drei Jahre nach der Machterteilung, zwei Jahre vor dem »Anschluß«, gehalten. Sie orakelt von einem zukünftigen Humanismus, wo längst die Gegenwart der Barbarei ermächtigt ist. Sie führt den Weg ins Gelobte Land der Angst- und Haßfreiheit, wo die Produktion von Angst und Haß, aber wohlgemerkt nicht im Reaktionsschema miteinander verbunden, sondern in der historischen Arbeitsteilung sorgsam auf Rassen und Klassen verteilt, Exzesse feiert. Sie singt von Frieden, wo die Kriegssirenen schon tönen. Kurz: Sie verbreitet die Illusion von der Zukunft heiter-humaner Desillusionierung. Und selbst was die literarischen Analogien zum Wegbereiter des Gelobten Landes betrifft, hat sie – illusionistisch durchaus – vergessen, daß just der greise Faust, ohne sich selber die Hände schmutzig machen zu müssen, zwei Leichen im Keller hat: ein altes Liebespaar. Ein schlechteres Omen als diese Festrede auf »Freud und die Zukunft« läßt sich der Zukunft der Psychoanalyse und der analytisch von Angst und Haß zu heilenden Menschheit kaum stellen, eine drastischere Desillusionierung kaum denken.

5. Die Desillusionierung der Illusion von der Zukunft einer Illusion hat inzwischen freilich Impulse erhalten, die länger, gründlicher, umfassender, manchmal auch unauffälliger, unscheinbarer wirken, als es ein tausendjähriges Reich konnte; Impulse, die die Psychoanalyse aus objektiven Gründen weit mehr der Vergangenheit überantworten, als es eine Kritik an ihren nicht abgearbeiteten, unaufgeklärten Residuen tun mag.

Ausgehend von Günther Anders »Desiderat: Dingpsychologie« und einer Auseinandersetzung mit der *Psychologie des Völkermords* von Lifton/Markusen (1992) habe ich an anderer Stelle (Lütkehaus 1994) zu zeigen versucht, wie im Zeitalter der »Antiquiertheit des Menschen« – und zwar nicht der klammheimlich gefeierten, die die poststrukturalistische oder postmoderne Verabschiedung des Subjekts ausruft – auch die ihm zugehörigen Wissenschaften an ihre Grenze kommen. In der hier nötigen Abbreviatur:

Die Welt der Zukunft wird nach Anders, und nicht nur nach ihm, eine sein, in der es »auch Menschen«, aber primär »Dinge«, Apparate und ihre Herrschaft, also »Technokratie« im ursprünglichen griechischen Wortsinn, gibt. Den Totalitarismus der Waren-Welt, wie oft übersehen bei Anders, schließt das ein. Die antiquierten Menschen, die mit ihrem Vorstellen, ihrem Fühlen, ihrem Gewissen, insgesamt ihrer Seele und ihrem Leib dem von ihnen Produzierten hoffnungslos hinterherlaufen, sind nur noch »mitgeschichtlich«. »Frei sind die Dinge, unfrei ist der Mensch« – das ist die »Inversion« der restlos technisch und rückhaltlos kommerziell gewordenen Geschichte, die den bisherigen Herrn des Machens unerachtet, ja, gerade wegen seines rücksichtslosen Anthropozentrismus auf ihren Sperrmüll befördert hat. Das fügt den schon um die kantianische und die marxsche vermehrten drei narzißtischen Kränkungen der Menschheit eine weitere hinzu – mit der Zuspitzung eben, daß nicht zuletzt die Humanwissenschaften selber von diesen wissenschaftsgeschichtlichen Kränkungen mitbetroffen sind.

Zum Beispiel die Humanpsychologien, mögen sie nun individualpsychologisch retardiert oder sozialpsychologisch avanciert sein. Was wollen sie sich noch an Intra- oder Intersubjektivität orientieren, wo es weder ein »Inneres« noch eine Kommunikation, die bei allem Gerede davon diesen Namen verdiente, gibt? Die kommunikative Kompetenz, welche die rührend zurückgebliebenen Pädagogen der Seele unverdrossen im Munde führen: eine sentimentale Reminiszenz.

Was soll die ganze schöne Deutungsarbeit noch, die subtile Tiefenhermeneutik, die analytische Verbesserung der Introspektion, wo die eindimensionalen Dinge, seien sie nun inspiriert von der bornierten computerisierten Effektivintelligenz oder dem Realidiotismus der Warenwelt, das sprachlose oder programmierte, jedenfalls eindeutige Sagen haben?

Welche Familienromane will man noch schreiben, wenn die »Gerätefamilie« ihr harmonisches Leben lebt und der Endogamie der Apparate kein Inzestverbot mehr im Wege steht? König Ödipus ist längst nicht mehr »der vornehmste Heilige und Märtyrer« im psychologischen Kalender, sondern der sich maschinell blendende Feuerbringer Prometheus, der freilich mit seiner maschinellen Blendung auch schon abgedankt hat.

Wozu noch Triebtheorie treiben, wo der Trieb der Produkte, gebraucht und verbraucht zu werden (das ist ihr über jeden Zweifel erhabener Todestrieb), die kümmerlichen sexuellen Gelüste der Vergangenheit weit in den Schatten stellt? Die wahre Akt-Psychologie heute ist Kauf-, nicht einmal Konsumaktpsychologie; »et post coitum omne animal triste«, will sagen: danach gibt es nur noch Müll.

Was soll die uneigentliche psychoanalytische Rede von den »Objektbeziehungen«, wo längst im eigentlichsten Sinn mit ihnen ernst gemacht ist? Warum den Fetischismus weiterhin den Perversionen zurechnen, wo der Waren- als wahrer Fetischismus in einem Maße zur Norm geworden ist, wie ihn sich kein psychologischer oder ökonomischer Fetischismustheoretiker je vorstellen konnte? Das vertraute »Es« gottseligen Angedenkens – es wird von den Apparaten, den Waren wörtlich genommen: Es ist das wahre Subjekt. Ich wie Über-Ich kennen keinen anderen Ehrgeiz mehr als zu werden wie Es; und, anders als zu Genesis-Zeiten, dürfen sie das, nein: sollen sie das jetzt sogar. Die Paradiesvertreibung droht nur dann, wenn sie nicht »werden wollen wie ...« Wo Ich war, soll Es werden, sagt die technisch-kommerzielle Kolonisation der human verschlammten Zuidersee. Das Es schämt sich des Ich, weiß die neue Schampsychologie. Und das »Lernziel Solidarität« – ewiger Vorrat für das Wort zum Sonntag: daß wir nicht lachen! – braucht als Solidarität mit dem Apparat gar nicht mehr gelehrt zu werden.

Was ist mit dem Interesse am Unbewußten, am Unterschwelligen, wo vor lauter Programmen gar kein Unbewußtes und nur noch »Überschwelliges« vorhanden ist? Warum sich noch auf die träumerische »via regia« ins Unbewußte begeben, wo der Expansionstraum der Maschinen auf dem besten Wege der Realisierung ist? Regelkreise, Konditionierungen kennen und eliminieren »Störungen«, aber deren seelischer Sinn, die Konflikte und die Verdrängungen, sind passé. Die neuen oralen »Feed-back«-Prozesse sind an ganz anderen Konstanzprinzipien als das Lustprinzip orientiert.

Warum Spaltungsprozesse, gleich welcher Art, noch analysieren und therapieren wollen, wo dank der vollendeten Liquidierung der Subjekte nicht einmal mehr, wie in lange vergangenen Zeiten, »Auschwitz- und Kernwaffen-Selbste« (Lifton-Markusen) vonnöten sind?

Warum überhaupt noch Selbstverantwortlichkeit, Handlungskompetenz, Autonomie fördern, wo gar nicht mehr gehandelt, sondern nur noch »bedient« und konditioniert wird: wo Auslöser, seien es Druckknöpfe oder Stimuli, die Auslösung von Auslösern auslösen; wo Dinge Anwendungsmaximen haben und kategorische Imperative sind?

Was ist mit der psychoanalytischen Heiligsprechung der Zeit, der Langsamkeit, wo die Diktatur der Geschwindigkeit – ein basis*un*demokratisches Rotationsprinzip –, die mit der Technokratie einhergehende »Dromokratie« (Paul Virilio), nur noch dem Prinzip der Simultan-, der »Echtzeit« gehorcht?

Warum sich um das Realitätsprinzip mühen, wo die brutalen *hard core facts* mit der systematischen Simulation auf allen Kanälen kurzgeschlossen sind?

Warum überhaupt noch lächerliche Wahrheitsfragen stellen? Warum das absurdeste aller zum Untergang verurteilten Geschäfte treiben: Kritik, die uns so am Herzen liegende, die einst so unersetzliche kritische Kritik?

Kurzum: Warum psychologische Aufklärung wollen, wo Gegenaufklärung erwünschte oder schon herrschende Realität ist? Warum desillusionieren wollen, wo Simulationen die frommen Illusionen von einst so gründlich kassiert haben, daß man die letzteren nicht einmal mehr braucht? Der »Blick in den Busen der Apparate«; eine »Dingpsychologie« als authentisch gewordene, finale Form der positivistischen, verdinglichenden »Psychologien ohne Seele« von ehemals scheint unter diesen Umständen jedenfalls eher das, was wissenschaftliche Zukunft hat.

6. Aber wo bleibt denn hier das Positive? Ist das denn alles nicht hemmungslos übertrieben? Ist der Mensch nicht nach wie vor der Macher und Programmierer der Dinge? Kann man sich nicht nach wie vor auf die Couch begeben, wohin die Produzenten solch illusionärer Desillusionierungen ganz gewiß am ehesten gehören?

Ist totalisierte Kritik, destruktiv verdüsterte Prognostik nicht geradezu das Gegenteil dessen, was sie zu sein vorgibt: zutiefst affirmativ, Echo und Applaus der angeblich attackierten Herrschaft der Dinge? Und dann der unübersehbare »pragmatische Selbstwiderspruch«: Wozu der ganze Aufwand, wenn keine Aussicht auf Veränderung besteht? Warum sich überflüssigerweise zur Zukunft der Psychoanalyse äußern, wenn Psychoanalyse keine Zukunft mehr hat?

Nun, die Psychiatrie kennt als ihre Form der Homöopathie so etwas Hoffnungsvolles wie die paradoxe Intervention und Intention. Trösten wir uns also einstweilen damit, daß heute nicht bloß die Psychoanalyse keine Zukunft mehr hat. Die Idee einer humanen Zukunft wie die Idee einer aufklärenden Psychoanalyse: die Vergangenheit einer Illusion.

Literatur

Binswanger, L. und S. Freud (1992), *Briefwechsel 1908-1938*, Frankfurt am Main.

Cremerius, J. (1984), »Das psychoanalytische Gespräch«, in: *Das Gespräch. Poetik und Hermeneutik* XII, München, S. 171-182.

Freud, S. (1910), »Die zukünftigen Chancen der psychoanalytischen Therapie«, in: *Gesammelte Werke* (GW), London 1969, Bd. VIII, S. 104-115.

– (1913), »Das Unbewußte«, in: *GW* X, S. 262-303.

– (1926), *Die Frage der Laienanalyse*, in: *GW* XIV, S. 209-296.

– (1927), »Die Zukunft einer Illusion«, in: *GW* XIV, S. 323-380.

Habermas, J. (1973), *Kultur und Kritik*, Frankfurt am Main.

Lifton, R. J. und E. Markusen (1992), *Psychologie des Völkermords. Atomkrieg und Holocaust*, Stuttgart.

Lütkehaus, L. (1989), »*Dieses wahre innere Afrika*«. *Texte zur Entdeckung des Unbewußten vor Freud*, Frankfurt am Main. Neuausgabe Hamburg 1995.

– (1992a), »O Wollust, o Hölle«. Die Onanie – Stationen einer Inquisition, Frankfurt am Main.

– (1992b), *Philosophieren nach Hiroshima. Über Günther Anders*, Frankfurt am Main.

– (1995), »Verchromte Sirenen, herostratische Apparate. ›Desiderat Dingpsychologie‹ (G. Anders). Für eine Umorientierung der Psychologie«, in: *Psyche* 49, 3, S. 281-303.

Mann, Th. (1936), »Freud und die Zukunft«, in: *Schriften und Reden zur Literatur, Kunst und Philosophie*. II, Frankfurt am Main, S. 213-231.

Pfister, O. (1928), »Die Illusion einer Zukunft. Eine freundschaftliche Auseinandersetzung mit Prof. Dr. Sigmund Freud«, in: *Imago* 1928, S. 149-184.

Rainer Marten
Die Zukunft der Psychoanalyse –
Zukunft mit wem?

Wochenpost: Wie sieht die Zukunft der Musik aus?
Krysztof Penderecki: Wenn ich es wüßte, dann würde
ich genau so zu schreiben anfangen, das weiß aber
keiner. Alle Futurologen haben eine Niederlage erlit-
ten. Der beste Beweis ist der Fall des Kommunismus,
niemand konnte es vorhersehen. Ich werde mich hü-
ten, auch nur Mutmaßungen anzustellen.
(Januar 1994)

1. Zukunft haben,
Zukunft teilen

Zum gelingenden Leben gehört es, Zukunft zu haben – gemeinsam mit anderen Menschen und je für sich selbst. Zukunft aber,
wie sie lebensbefähigend gehabt wird, ist nichts Aus- und Bevor-
stehendes, keine als leer vorzustellende Dimension, die nach und
nach anzufüllen wäre, überhaupt keine theoretisch zu erklärende
Realität oder Nichtrealität. Menschen haben Zukunft jeweils in
lebenspraktischer Gegenwart unter Menschen.
Wer gelingend lebt, ist sich praktisch gewiß, mit anderen und für
sich selbst Zukunft zu haben. Lebenspraktische Gewißheiten aber
basieren nicht auf gesicherten Erkenntnissen. Es gibt sie allein im
Zuge ihrer Vergewisserung. Als Mensch mit Menschen gelingend
zu leben heißt darum nicht zuletzt, sich der lebensteiligen Zukunft als solcher praktisch zu vergewissern. Die Praxis dieses
Sichvergewisserns kann nur das geteilte Leben selbst sein: das
gemeinsame und je eigene Wahrnehmen offener lebenspraktischer
Möglichkeiten, in dem sich Lebensbefähigung gründet, bewährt
und stärkt. Sich der Zukunft zu vergewissern verlangt somit, sie
als gemeinsame gemeinsam aufs Spiel zu setzen.
Wer unfähig ist, mit anderen und für sich selbst Zukunft zu haben,
wird heute in nicht wenigen Fällen für jemanden gehalten, der
psychoanalytische Behandlung braucht. Einen Patienten dahin zu

bringen, (wieder) Zukunft zu haben und mit anderen aufs Spiel zu setzen, ist erklärtes Behandlungsziel der Psychoanalyse.[1] Nun aber problematisiert, wie ich den Titel dieses Bandes lese, Psychoanalyse überraschenderweise ihre eigene Zukunft.

Hat Psychoanalyse Zukunft? Wird so gefragt, dann scheint eigene Lebensbefähigung gestört, wenn nicht geschädigt zu sein. Gerät hier der gefragte Philosoph etwa in die Rolle des therapeutisch Geforderten, die Psychoanalyse aber in die des Therapiebedürftigen? Die Psychoanalyse auf der Couch, der Philosoph dahinter – was wird sie sagen, wie beginnen, welche Assoziationen freisetzen? Wie wird er es mit seinem Schweigen halten, mit seiner technisch inszenierten Kälte und freischwebenden Aufmerksamkeit, nicht zuletzt mit seinen Interventionen? Wird es zur Übertragung und Gegenübertragung kommen? In der Tat: Es geht um das Zukunfthaben der Psychoanalyse. Sollen wir uns gemeinsam ihrer »Geschichte« zuwenden – dem Hort ihres Unbewußten?

Nein, das problematische Zukunfthaben ist hier natürlich keine Frage gelingenden Therapiertwerdens, wohl aber die gelingender Lebensteilung. Zukunft ist keine Privatangelegenheit. Sie läßt sich allein als geteilte haben. Ohne Gemeinschaft und Gesellschaft gibt es keine Lebensgeschichte, keine offene Lebensmöglichkeit.

2. Psychoanalyse ist nicht Avantgarde

Das trifft sich offensichtlich gut: Psychoanalyse ist als gesellschaftliche Institution nicht nur eine geschichtliche Größe, sondern ihre eigene Geschichte bestimmt auch maßgeblich das, als was sie sich selbst versteht. Es verhält sich damit bei ihr wie bei der katholischen Kirche: Ihre Heilige Schrift, so ernst gelesen wie reich zitiert (als prima et ultima ratio), ist längst nicht alles, was sie zu dem macht, was sie ist. Psychoanalyse als Menschenanschauung und Praxis am Menschen steht, zu einer theoretisch-wissenschaftlichen und medizinisch-praktischen Institution herangewachsen und weiter in diversen Entwicklungen begriffen, nicht allein auf den Schriften Freuds. Was sie von der katholischen Kirche unterscheidet, ist die einfache Tatsache, daß sie vielleicht Möchtegernpäpste, aber doch eben keinen wirklich regierenden

1 Wolfgang Loch, *Perspektiven der Psychoanalyse*, Stuttgart 1985.

Papst hat, keine institutionell verankerte inspirative und damit unfehlbare Auslegung des heiligen Wortes und Willens.[2] Was je zu einer Zeit bei ihr zählt, sind herausragende Persönlichkeiten mit auf eigener Erfahrung und eigener Forschung beruhenden Vorschlägen zu Theorie, Technik und Therapie der Psychoanalyse. Die zur eigenen Geschichte gerinnende Verarbeitung dieser Vorschläge gibt ihre innere Einheit im unablässigen Sichberufen auf den Vater zu erkennen. Diese Einheit hindert nicht nur nicht, sondern erklärt vielmehr, daß jeder Dialog unter Psychoanalytikern allem zuvor eines für sein Gelingen braucht: Streitkultur.

Wer sich als Avantgarde produziert, teilt nicht gern. Doch Psychoanalyse ist keine Avantgarde, jedenfalls nicht mehr. Die Tagträume vom neuen, vollends aufgeklärten Menschen, der sich in seiner reinen Selbstillumination vollends durchsichtig ist, sind, soweit sie an ihnen teilhatte, in jeder verantwortbaren Weise ausgeträumt. »Wo Es war, soll Ich werden!« – nein, das kann und darf für niemanden (mehr) besagen, daß im letzten dem Ich (Vernunft) der Triumph, dem Es (Trieb) aber das Verschwinden und Verlöschen zu wünschen sei. Wird Fortschritt nicht allein als zivilisatorisch-technischer gesehen, durch den sich der Mensch in praktischer Konsequenz selbst in Frage zu stellen beginnt, sondern als Fortschritt des Humanen, dann wird schlechte Utopie betrieben. Wie der Mann nicht männlicher und der Chinese nicht chinesischer wird, so auch der Mensch nicht menschlicher – zumal es nicht *das* Wesen des Menschen gibt, sondern der Mensch in der Vielheit seiner Eigenheiten das ist, was er ist: als Mann und Frau, Kind und Eltern, Gesunder und Kranker, Arbeitgeber und Arbeitnehmer, Pole und Deutscher. Ob die Entwicklung des menschlichen Kortex in Jahrmillionen den Menschen als Menschen anders werden läßt und was ein Klonen der »Besten« erbrächte – das sind Perspektiven, die am geschichtlichen Menschen, für den und in dem der menschliche Mensch als lebens-

2 Die fiktive Möglichkeit absoluter Freudorthodoxie ist eben wirklich allein eine fiktive. Zur entsprechenden Problematisierung wissenschaftlicher Objektivität in der Psychoanalyse unter Voraussetzung von Homogenität der Beurteiler (z. B. daß sie sich Freud absolut gleich angeeignet haben), von Konsens der Experten, empirischer Sicherung des Konsenses und identischer Bedeutung klinischer Konstrukte (Koinzidenz von Beobachtung und Deutung): H. Thomä u. a., »Das Konsensusproblem in der Psychoanalyse«, in: *Psyche* 11 (1976), S. 979-1004.

praktische Realität zu suchen ist, um einen Himmel weit vorbei-
zielen.

Wird kein Wesen des Menschen hypostasiert und dafür ausgerech-
net die Vernunft eingesetzt, dann ist – zum Glück! – nicht gut von
einer Entwicklung des Menschen zur Vernunft zu träumen: Der
geschichtliche Mensch steht im Blick, wie er sich in der ganzen
Spanne des Komischen und Tragischen, Humanen und Inhuma-
nen wiederholt. Menschliche Geschichte ist keine zielgerichtete
Zeitlichkeit, sondern eine in der Wiederholung beheimatete. Kann
aber Bemühung um humanes Leben und Handeln, die praktisch
relevant ist, unmöglich Sache moderner Avantgarde sein, dann
doch ebensowenig die postmoderner Fortschrittstheorien. Diese
nämlich entwickeln unter anderem gezielt keinen Sinn dafür, daß
Menschen auf theoretische und praktische Weise versuchen, sich
des psychosomatischen Elends anzunehmen, weil für sie nur das
zählt, was einen Marktwert hat. Wer keinen vitalistischen Fortschritt bejaht und betreibt, ist für dessen Advokaten ein rationaler
Konstruktivist. Das liest sich bei dem Nobelpreisträger für Wirt-
schaftswissenschaft F. A. von Hayek, der viel von Verhaltensfor-
schern und Evolutionstheoretikern gelernt hat (und im übrigen
auf hohem Niveau diskutiert), wie folgt:

»Aber bei weitem am schädlichsten wirkten sich für die Kultur die Bemühungen der Psychiater aus, Menschen durch Befreiung ihrer angeborenen
Instinkte zu heilen. ... Durch seine tiefgehende Wirkung auf die Erzie-
hung ist Sigmund Freud wahrscheinlich der größte Zerstörer der Kultur
geworden. ... Wir müssen dankbar dafür sein, daß, bevor noch diese Flut
die Zivilisation hinweggeschwemmt hat, eine Gegenbewegung entstanden
ist. ... Wir brauchen also nicht alle Hoffnung aufzugeben.«[3]

Der evolutionär denkende Vitalist zähmt seine Angst vor einer
Zukunft der Psychoanalyse, indem er auf eine Gegenbewegung
setzt: auf den Vitalismus. Pointierter läßt sich das Nichtteilen von
Zukunft mit der Psychoanalyse kaum vertreten. Mit wem aber
wollte und könnte dann die Psychoanalyse ihr »Leben« teilen, um
gegebenenfalls – gemeinsame und insofern auch eigene – Zukunft
zu haben?

3 F. A. von Hayek, *Die drei Quellen der menschlichen Werte*, Tübingen
1979, S. 44-47.

3. Zukunft mit Philosophie?

Zunächst ist wohl an Psychiatrie und überhaupt an Organmedizin zu denken, des weiteren an Institutionen der Gesundheits- und der allgemeinen Gesellschaftspolitik. Daß Psychoanalyse lebensteilig nicht an dem psychosomatischen (hysterischen, neurotischen, ...) Elend vorbeikommt, scheint sich von selbst zu verstehen, obwohl gerade hier, wie sich zeigen wird, Lebensteilung als solche von Grund auf problematisch ist. Wie aber steht es mit anderen Theoretikern, Weichenstellern und Praktikern, die einem humanen Leben und Handeln zuarbeiten? Suche ich die Antwort nicht länger bei anderen, sondern antworte ich für mich selbst, dann ist es das eigene Interesse an der Psychoanalyse, und zwar genauer an der psychoanalytischen Situation, das an eine Möglichkeit gemeinsamer Zukunft denken läßt. Es sind nicht die besonderen Theoriebildungen, etwa die Libidotheorie in Zusammenhang mit der Traum-, Angst, Verdrängungs-, Verschiebungs- und überhaupt Objekttheorie, die für eine Philosophie des gelingenden Lebens[4] letztlich von Interesse sind. Diese theoretischen Versuche sind der Entwicklungsgestalt des Menschen, seiner geschlechtlichen (genitalen) Selbstfindung auf der Spur, nicht aber den Begegnungen, in denen Leben gemeinsam gelingt. Allein die einzigartige therapeutische Situation, diese Zweierbeziehung von Arzt und Patient, die genau keine geschlechtliche und keine des gelingenden und erfüllten Lebens ist, läßt durch die Art und Weise ihres gewollten Fehls an gelingendes Leben und die gelingende Zweierbeziehung im Geschlechtlichen und Erotischen denken. Praxis und Erfahrung der psychoanalytischen Situation sind es – wie immer sie auch theoriegeleitet sein und zur Revision bzw. Weiterentwicklung von Theorie führen mögen –, die Philosoph und Psychoanalytiker eine gemeinsame Zukunft haben und wagen lassen könnten. Vom Philosophen verlangte das, daß er die *filosofia a solo* mit ihrem ebenso solipsistisch wie universalistisch konzipierten vernünftigen Jedermann hinter sich hat und für die *filosofia in compagnia* eintritt, die die Konzepte menschlicher Individualität und menschlichen Selbstseins aus dem Konzept komplexer eigenheitlicher Lebensteilung ableitet. Über Möglichkeiten von Fortdauer und Wandel psychoanalytischer Institutionen und

---

4 Vf., *Lebenskunst*, München 1993.

Techniken in naher und ferner Zukunft, ja, eben der psychoanalytischen »Bewegung«[5] (wie wird es in zehn, wie in hundert Jahren um sie bestellt sein?) ist philosophisch nicht zu spekulieren. Ich halte mich hier an Zukunft, wie sie je gegenwärtig gemeinsam gehabt und aufs Spiel gesetzt wird.

4. Die Einzigartigkeit der psychoanalytischen Situation

Nach Aristoteles[6] lebt der Mensch seiner Wesensart nach eher paarig als gesellschaftlich, und dies um so mehr, als er ursprünglicher und notwendiger gemeinschaftlich als gesellschaftlich lebt. Dabei leben, wie Aristoteles es sieht, die Menschen nicht nur der Kinderzeugung, sondern auch ihres eigenen Lebens wegen zusammen, um es miteinander in Gemeinschaft zu bestehen. Die Aufgaben sind dieser Sicht zufolge von vornherein (»sogleich«) geteilt und sind bei Mann und Frau je verschiedene. Beide helfen einander, indem sie das je Eigene in die Gemeinschaft einbringen. Daher findet sich in ihrer Philia sowohl das Nützliche als auch das Lustvolle. Freude aber haben sie aneinander, soweit jeder von ihnen den ihm eigenen Wesensvorzug (ἀρετή) ausspielt.

Den Gedanken, daß gelingende menschliche Beziehungen ihren Ursprung in der Beziehung von Mann und Frau als einer nützlichen und lustvollen haben, sehe ich nicht für überholt an. Der eine Mann mit seiner einen Frau bzw. die eine Frau mit ihrem einen Mann leben eine Öffentlichkeit, die sich als die der Intimität und der Kommunikation (*communicare:* etwas miteinander unternehmen) differenziert: Sie lieben und sie brauchen einander. Aber schon Aristoteles übergeht das besondere Problem des Lebenswährenden einer solchen Beziehung. Denken wir sie für uns selbst neu, dann zeigt sich, daß sie nicht allein auf der praktischen Gewißheit, einander zu lieben, zu brauchen und miteinander Vergangenheit und Zukunft zu haben, gründet, sondern im Verein damit

---

5 Zur Diagnose ihres gegenwärtigen Niedergangs, was Forschungsmethode, Wissenschaftlichkeit und die Institution von Lehranalytiker und Lehranalyse anbelangt, siehe J. Cremerius, »Spurensicherung. Die ›Psychoanalytische Bewegung‹ und das Elend der psychoanalytischen Institution«, in: *Psyche* 40 (1986), S. 1068-1089.

6 *Nikomachische Ethik*, VIII, 14 1162a 17 ff.

auch auf der praktischen Gewißheit, einander einmal endgültig zu verlassen. Die Liebesbeziehung läßt sich nicht denken ohne die Todesbeziehung. Auch im Einander-Brauchen und Miteinander-Zeit-Haben steckt auf eigene Weise bereits das Gebrauchtsein des Todes (es geht also, wie der Psychoanalytiker bemerkt, bei diesem Gedanken nicht darum, den »Liebestrieb« als gegen den »Todestrieb« gerichtet zu funktionalisieren, sondern zu sehen, wie ἔρως und θάνατος zum Gelingen menschlichen Lebens zusammenwirken).

Doch nun zur psychoanalytischen Situation. Der Patient, der sich in der Hoffnung auf eine (neue) Gründung und nachhaltige Stärkung seiner gemeinschaftlichen und gesellschaftlichen Lebensbefähigung (Freud spricht von »Leistungs- und Genußfähigkeit«[7]) in psychoanalytische Behandlung begibt, leidet – in theoretischer Prinzipialität gesehen – daran, daß er eigenheitliches Sein – zum Beispiel Sohn oder Tochter zu sein, Mann oder Frau, Freund oder Freundin, Vater oder Mutter, aber auch Mieter oder Mieterin, Untergebener oder Untergebene – nicht lebensbefähigt und lebensbefähigend mit anderen teilen kann. Dabei krankt er von Grund auf an der Unfähigkeit zu gelingender Zweierbeziehung. Der psychoanalytische Patient ist, idealtypisch gesehen, unfähig, sich in die Wechselseitigkeit des Einander-Liebens-und-Brauchens lebensteilig einzubringen. In Antwort darauf eröffnet der Psychoanalytiker dem Patienten, eine (Zweier-)Beziehung mit ihm einzugehen. Die Unfähigkeit zu tragfähigen menschlichen Beziehungen (idealtypisch: zu einer einzigartig erfüllten Zweierbeziehung) wird so mit der Möglichkeit einer temporären, asymmetrischen, künstlichen und eben unerfüllten Zweierbeziehung beantwortet. Es handelt sich demnach allein der Form, nicht jedoch dem Gehalt nach um eine Art von Homöopathie. Dennoch prägt diese Form durch und durch das eigentümlich Allopathische der psychoanalytischen Situation.

So legt es sich nicht allein der Form, sondern auch des Gehalts wegen nahe, diese unerfüllte Zweierbeziehung durch Vergleich mit einer erfüllten genauer zu konturieren. Dazu aber bietet sich als signifikant andere die erfüllte erotische Zweierbeziehung an. Zeigt

---

7 Siehe C. Nedelmann, »Nach Möglichkeit leistungs- und genußfähig machen. Betrachtungen zum psychoanalytischen Behandlungsziel«, in: *Jahrbuch der Psychoanalyse* 30 (1993), S. 101.

sich eine Zweierbeziehung – zum Beispiel von Mann und Frau – als Liebesbeziehung, dann gehört es insofern zu ihr, daß sich beide ihrer gegenseitigen Liebe versichern. Das aber geschieht einzigartig dadurch, daß sie dieselbe im Einander-Lieben aufs Spiel setzen. Dabei spielen sie kein Hasard-, sondern ein Vabanque-Spiel: Sie setzen im liebenden Einander voll und ganz ihr eigenheitliches Selbstsein ein – konzentriert auf das Selbst-Mann- und Selbst-Frau-Sein. Die affektive Grundstörung des psychoanalytischen Patienten läßt sich dagegen – technisch – nicht durch wechselseitige Liebe und ihr Aufs-Spiel-Setzen behandeln. Das ist schon einfach darum unmöglich, weil der Patient gar nicht entsprechend gemeinschaftsfähig ist. An ein selbsthaft-wechselseitiges Überspringen lebensbefähigender Affekte ist nicht zu denken.

Was also stellen Analysand und Analytiker als »Paar« eigentlich dar? Sie kopieren und simulieren kein Einander-Lieben, finden auch nicht etwa einen Ausgleich dafür und stellen es schon gar nicht in defekter Form dar. Die psychoanalytische Situation ist ja gerade keine Verlegenheit, nichts, was eigentlich gar nicht so sein sollte, wie es ist. Nein, sie ist akkurat das, was sie ist und sein will: eine künstliche Situation.[8] Wie lange eine Analyse auch dauern mag – in keiner ihrer Wiederholungen greift die psychoanalytische Situation nach etwas aus, das von der Art des geteilten und erfüllten Lebens selbst wäre. Es ist vielmehr ihre bewußt in Szene gesetzte Eigenart, nicht das gelingende Leben selbst zu sein, sondern eine kunstfertige und eben künstliche Epoché sich selbsthaft eröffnender und einigender lebendiger Wechselseitigkeit. Was dabei, vom psychoanalytischen Techniker initiiert, geübt wird, ist nicht zuletzt eine Hermeneutik besonderer Art.

---

8 Formuliert Loch (*Zur Theorie, Technik und Therapie der Psychoanalyse*, Frankfurt am Main 1972, S. 183), daß die Partnerbeziehung in der psychoanalytischen Behandlung »nicht auf der realen Ebene, sondern in der Form der ›Als-ob‹-Beziehung« statthabe, dann trifft das weder genau die Perspektive des Arztes noch die des Patienten. Die Beziehung im Ganzen hat die Realität des Künstlich-Technischen, die als Realität für den Augenblick nichts zu wünschen übrig läßt. Damit aber ist auch schon jedes vernünftelnde Als-ob à la Kant ausgeschlossen. Ein »Als ob der Patient ihn liebte« kommt ebensowenig in Betracht wie ein »Als ob er sein Patient wäre«. Auch der Patient weiß gegenüber dem Arzt kein Als-ob zu inszenieren, er verabschiedete sich denn aus dem psychoanalytischen Prozeß.

Analytiker und Analysand bilden in der psychoanalytischen Situation eine Auslegungsgemeinschaft. Diese hat zu ihrem technisch-therapeutischen Ziel, dem Aanalysanden mit praktisch-therapeutischer Relevanz die Herkunft seines psychosomatischen Elends zu erschließen. Der Arzt hat an dem, was da als Selbstauslegung des Patienten geschieht, nur insofern teil, als er mit seinen hermeneutischen Interventionen zu helfen vermag, Widerstände gegen die Selbstauslegung abzubauen und den durch sie initiierten psychodynamischen Prozeß in Gang zu halten. Für sich selbst macht er zugleich neue Erfahrungen, die prinzipiell Grund neuer therapeutischer Einsichten sind. Die Ungleichheit der Auslegungsgemeinschaft liegt demnach nicht nur darin, daß es allein beim Analysanden um ein Ausgelegtwerden geht. Der Analytiker nimmt vielmehr – idealtypisch – an der Selbstauslegung des Analysanden allein technisch teil. Er handelt so ganz dem sokratischen Maieuten gleich, der niemals mit eigenem Wissen in die Selbstfindung des Wissens des von ihm geförderten Anderen eingreift. Wie aber keine Hebamme jemals Vater und Mutter des durch sie zur Welt gebrachten Kindes ist, so kann auch das Selbst des Analytikers niemals selbsthaft dem psychoanalytischen Prozeß zugehören, der »im« Patienten abläuft.

Die Auslegungsgemeinschaft ist damit in ihrer vollen Asymmetrie erkennbar. Es geht in ihr um das Selbstsein des Patienten, nicht des Arztes. Der Patient verhält sich in seiner (Selbst-)Auslegung völlig kunstlos, ohne dadurch die Künstlichkeit der Situation aufzuheben, während der Arzt ihre Künstlichkeit garantiert, indem er sich ganz bewußt als Techniker in die Beziehung einbringt. Freilich kann und soll er das »Persönliche« nicht schlechtweg verleugnen, doch muß für die psychoanalytische Situation die Devise gelten: soviel Technik wie möglich, soviel Mitmenschlichkeit wie nötig.[9]

Selbst und gerade dann, wenn der Patient in seinem technisch

---

9 Zur betonten Bejahung der Technik und der mit ihr verbundenen Kälte in der psychoanalytischen Situation siehe z. B. L. Stone, *Die psychoanalytische Situation* (1961), Frankfurt am Main 1973; zum gegenläufigen Versuch, soviel Wärme wie nur möglich in sie hineinzutragen, z. B. A. J. W. Holstijn, »Über das Schweigen des Patienten und das Liegen bei der psychoanalytischen Behandlung« (1961), in: L. Salzman u. a. (Hg.), *Fortschritte der Psychoanalyse. Internationales Jahrbuch zur Weiterentwicklung der Psychoanalyse*, Bd. 1, Göttingen 1964.

initiierten und gestützten Verhalten Intimitäten preisgibt – dem Anderen und sich selbst –, ist es ihm unmöglich, auf eine Weise schamlos zu sein, daß er dadurch eine Öffentlichkeit der Intimität vulgarisierte, entpoetisierte, ja zerstörte. Eine solche Öffentlichkeit wird in der künstlich-technischen Beziehung beider erst gar nicht hergestellt. Im lebenspraktischen Kontext der »Stunde« kann sich der Patient noch denken, daß es gesellschaftliche Öffentlichkeit ist, die ihn mit dem Arzt verbindet. Er läßt sich auf eine gesellschaftlich anerkannte Behandlungsmethode ein (Krankenkasse), der Arzt verdient sich dabei seinen Lebensunterhalt. Doch diese lebensteilige Sicht ist in der psychoanalytischen Situation nicht länger gegeben. Die Künstlichkeit des Lebens herrscht, die praktische Asymmetrie.[10]

Auf die vielfältigen Aspekte der unaufhebbaren Ambivalenz der psychoanalytischen Situation, wie sie insbesondere durch die in ihr zu leistende methodische Reduktion von Menschlichkeit zum Vorschein kommt, ist hier nicht näher einzugehen.[11] Die praktische Beziehung zwischen der erotischen und der psychoanalytischen Zweierbeziehung verlangt als solche nicht nach einem Abbau der elementaren Unterschiede, etwa nach einem relativen Ausgleich der Beziehungstemperaturen Warm und Kalt. Die therapeutische Absicht, durch eine künstliche Zweierbeziehung Patienten die Möglichkeit zu einer höchst lebendigen und Lebensbefähigung gründenden Zweierbeziehung (wieder) zu eröffnen – das überzeugt nicht nur durch seinen homöopathischen Zug, son-

10 Dem widerspricht nicht nur nicht, sondern das verlangt geradezu, daß sich beide, wie sie ihre besondere Beziehung bilden, als Partner verstehen. Ohne Partnerschaft wären Künstlichkeit und praktische Asymmetrie nicht nur nicht aushaltbar, sondern zuvor gar nicht gegeben. So spricht Cremerius (J. Cremerius, »Die Konstruktion der biographischen Wirklichkeit im analytischen Prozeß«, in: ders., *Vom Handwerk des Psychoanalytikers. Das Werkzeug der psychoanalytischen Technik*, Bd. 2, Stuttgart-Bad Cannstatt 1984, S. 400) verständlicherweise vom »partnerschaftlichen Umgang«, Loch (ebd.) von einer »Partnerbeziehung«.

11 Zur ausführlichen Darstellung dieser Ambivalenz siehe Vf., »Die psychoanalytische Situation und der Augen-Blick«, in: S. O. Hoffmann, *Deutung und Beziehung. Kritische Beiträge zur Behandlungskonzeption und Technik in der Psychoanalyse*, Frankfurt am Main 1983, S. 49-65.

dern auch durch seine menschliche Redlichkeit. In der psychoanalytischen Situation zeichnet sich keinerlei Urszene menschlicher
Hilfsbereitschaft ab: Da wird kein eigener Mantel geteilt und kein
letztes Brot. Kein Blut wird für den Nächsten gegeben, nicht
Liebe mit Liebe geweckt. Das Leben teilen mit den zu äußerst
Hilfsbedürftigen im Gestus freier aufhelfender Vergeblichkeit –
das hat hier nicht statt. Der psychoanalytische Patient kauft für
eigenes Geld oder mit dem Geld der Kassen technische Lebens-
hilfe auf Zeit. Die Verkehrsformen der psychoanalytischen Situation sind nicht Liebe, Tod und freie Vergeblichkeit, sondern
Kunst (Technik), Zeit (Chronos) und Zahlen-für-etwas.

5. Die Endlichkeit der Analyse

Die Idee der »unendlichen« Analyse steht bei Psychoanalytikern
hoch im Kurs, weil doch eben mit dem Aufklären, Durchsichtig-
machen, Erhellen und Zur-Vernunft-Bringen kein Ende sein soll.
Hier gilt es umzudenken. Analysen nämlich sind prinzipiell endlich. Selbst Analytiker geben zu erkennen, daß sie in die Endlichkeit der Analyse einwilligen. Das ist immer dann der Fall, wenn
ärztliche Praxis sie dazu führt, dem Patienten nicht allein bzw.
nicht mehr kurative, sondern auch bzw. nur mehr palliative Behandlung angedeihen zu lassen.
Psychoanalyse, wie sie es eigentlich aus der Geschichte ihrer therapeutischen Bemühungen gelernt haben sollte, gewinnt ihre trei-
benden Kräfte nicht aus der Feindschaft zu Krankheit. Ihre Absicht ist es vielmehr in praxi, Patienten zu befähigen, mit ihren
Leiden zu leben. Nicht daß sie aus ideologischen Gründen Krankheit bejahte (Krankheit als Strafe, als zugeteiltes Los usw.) – nein,
es bleibt dabei, daß sie dem *uti et frui* gelingend geteilten Leben
zuarbeitet, auch wenn sie für sich selbst nicht schon Lebensteilung, sondern allein »Leistung« und »Genuß« im Blick hat, wo-
durch sie – ungewollt oder gewollt – einem individualistischen
bzw. solipsistischen Konzept verhaftet bleibt. Es gibt jedenfalls
Psychoanalytiker, die nicht aufgeben, wenn der Analysand den
Sprung über sich selbst hinaus nicht schafft – noch nicht, immer
noch nicht. Dem Analysanden ist bereits dann geholfen, so lautet
die Selbsteinschätzung der therapeutischen Bemühung, wenn er
zwar weiterhin leidet, aber doch zu seinem Leiden ein einigerma-

ßen lebensfähiges Verhalten aufnehmen kann. Ist er nicht selbständig genug, die weitergehende Analyse selbst zu leisten, dann bleibt er auf den Analytiker angewiesen. Dem Staat, der dem vitalistisch getragenen und gesteuerten Fortschritt jede nur mögliche Chance einräumt, kommt dieser Patient nicht gelegen, ja, eben insofern die ganze Einrichtung der Psychoanalyse nicht. Sie ist, an den Normen des freien Marktes gemessen, ein Minusgeschäft, und dies selbst dann, wenn man die pazifizierenden Kräfte, die von der Psychoanalyse zugunsten staatlicher Ordnung ausgehen, in die Kalkulation einbezieht.

Wer den Kranken den Kranken sein läßt und den auf Dauer Kranken als Menschen anerkennt, gibt sich, ob er es weiß oder nicht, als Gegner jeder vitalistisch begründeten Euthanasie. Die Philosophen sind in dieser Frage gespalten. Vertreter einer universalistischen Ethik, die ihr Universum – mehr oder weniger verklausuliert – einzig und allein mit »Personen« und »Vernunftwesen« besetzen, haben es nicht schwer, unter Menschen Unpersonen und Vernunftlose auszumachen, um damit auch schon Zweifel an ihrem Lebenswert zu bekommen. Dagegen steht unter anderem der philosophische Entwurf, gerade auch die Hilfsbedürftigen, die von sich aus keine Chance haben, auf dem Markt der Vitalisten zu bestehen und mit deren person- wie vernunftgestütztem Genießen mitzuhalten, in gelingende Lebensteilung einzubeziehen, ja, den Gedanken von Lebensteilung überhaupt auf die Lebensteilung mit ihnen zu stützen.[12] Für diesen Entwurf ist die Front derjenigen Psychoanalytiker, die ihr ärztliches und gesellschaftliches Handeln nicht nur dann zu rechtfertigen wissen, wenn es sich als Rehabilitationsleistung verkaufen läßt, eine erfreuliche Ermunterung.

12 Das ist genau nicht kommunitaristisch gemeint, weil nicht daran gedacht ist, Menschen irgendwelche Normen (z. B. »Geschlechtergleichheit« und »soziale Gerechtigkeit«) zu verordnen. Ein Gewissen, das Lebensteilung zu leiten vermag, bildet sich allein aus ihr selbst.

6. Die Endlichkeit
der Liebe

Die Bereitschaft zum »bloß« Palliativen bedeutet in sich ein positives Verhältnis zur menschlichen Endlichkeit und damit auch zur Endlichkeit der eigenen Bemühungen. Wer sich um Menschen sorgt, indem er ihnen hilft, mit ihrem Leiden leben zu können, der ist auch bereit, sie in ihrem Leben und Leiden enden zu sehen. Der Unwille, den Tod zu akzeptieren, den Tod anderer und den eigenen, ist stark bei fundamentalistischen Vernunftgläubigen vertreten, die meinen, eine Sache sei nur dann gut, wenn sie ganz rein erfahren werde – ohne »Widerspruch«. Doch das ist gerade die Art des Lebens, voller »Widerspruch« zu sein, wenn das heißt: voller Extreme und ihrer Vermittlungen in der Erfahrung des Zuträglichen und Abträglichen, Erfreulichen und Schmerzlichen, Belebenden und Kränkenden. Auch der je eigene Tod, um den das je eigene Leben weiß, bringt Leben nicht zu einem Widerspruch, der es zu Lebzeiten um es selbst brächte. Allein Vernunft, die vom Dienste am Leben abgekoppelt und zur Sorge um ihre universalistische Selbsterhaltung verselbständigt ist, gewinnt von ihrer lebensfremden, ja, lebensfeindlichen Position aus den Blick, das Leben müsse »unwidersprochen« das Leben bleiben. Das zeigt sich immer wieder: Wer ganz auf die illuminative Kraft der verselbständigten und sich um sich selbst sorgenden Vernunft setzt, lebt nicht mit dem Tod. Auch die Psychoanalyse mit ihrem aufklärerischen Impetus ist dazu prädestiniert, sich an der lebenspraktischen Bedeutung des Todes zu versehen. Ihr praktizierter Sinn für menschliches Leiden verbindet sich kaum je mit einem Sinn für Sterben und Tod. Der Gedanke der Selbstbeziehung soll im folgenden verdeutlichen, worum es bei einem Sinn für den Tod im ganzen der Lebenspraxis geht.

Der Patient, der dem Analytiker seinen Selbstmorddruck wörtlich und symptomatisch zu erkennen gibt, hat keinen eigenen Tod. Wird der Ausdruck »eigener Tod« so verwandt, dann spricht er gelingende Selbstbeziehung an – wie es auch bei »eigenes Leben«, »eigenes Geschlecht«, »eigenes Gefühl«, »eigenes Alter«, »eigener Beruf« der Fall sein kann. Denken wir über gelingende menschliche Beziehungen nach, dann darf der Gedanke der Selbstbeziehung nicht fehlen.

Mein Leben, das *eigene* Leben – das ist, im Falle gelingender

Lebensteilung, eine selbsthafte Beziehung, die sich vom Anderen her und auf ihn hin versteht: das Selbst sowohl *in* als auch *als* Beziehung gedacht. Der Andere, ohne den es die Selbstbeziehung nicht als eigene und meine gäbe, ist in ihr selbsthaft gegenwärtig. Praktische Selbstbeziehung gibt es nie anders als in der Einheit wechselseitiger selbsthafter Inszenierung je vor dem Anderen und vor sich selbst.

Selbstbeziehungen sind niemals auf Einzelheit und Vereinzelung hin auszulegen. Mit ihnen handelt es sich grundsätzlich um lebensteilige Beziehungen. Menschliches Selbstsein ist nicht ontologisch und subjekttheoretisch, sondern praktisch zu deuten: Mit ihm ist einfach die praktische Positionalität des Einen und Anderen im selbsthaft-eigenheitlichen Einander angezeigt. Zum eigenen Leben gehört, in eins anderen und sich selbst zu leben. Entsprechend verhält es sich mit allem, was praktisch als Eigenes gelebt wird. Dabei geraten die Selbstbeziehungen jedoch in keine beliebige Addition. So gehört etwa zum eigenen Leben konstitutiv der eigene Tod, entsprechend zum eigenen Tod das eigene Leben. Damit hängt die Beantwortung der Frage, ob Psychoanalyse Zukunft hat, von der Philosophie des gelingenden Lebens aus geurteilt, davon ab, was sie eigentlich mit dem Eigenen von Leben und Tod im Verein im Sinne hat. Die – philosophisch gewonnene – Einsicht aber, daß zu einem affirmativen Lebensverhältnis ein affirmatives Todesverhältnis gehört (und umgekehrt), führt über die Liebe.

In der erotischen als der spannungsreichsten lebenspraktischen Beziehung, in der sich die Gewalten der Geschlechtlichkeit als die einander anziehendsten und belebendsten wechselseitig fordern, zeigt sich eigenheitliche menschliche Lebensteilung am deutlichsten als Gewaltenausgleich. In der Liebe ist es der Akt des Belebens selbst, der den Einen und Anderen eint. Darum ist die lebensteilig spannungsreichste Gewaltenbegegnung, gelingt das Liebend-Belebende, von selbst auch schon der gelungenste Gewaltenausgleich. Wie sie aber die belebendste ist, so zugleich auch die be-endendste. Sie nämlich ist, ob es der Eine und Andere wissen oder nicht, wollen oder nicht, ja ob es faktisch so oder so ausgeht, auf den Tod hin vollzogen und rührt damit an das, was dem menschlichen Leben im letzten Halt gewährt und Einhalt gebietet.

Anstatt sich beim Thema Liebe immer wieder auf die Frage einzulassen, ob sie überhaupt dazu geeignet sei, zu halten, ob es nicht im Gegenteil angemessener wäre, sich darauf einzurichten, daß sie nicht hält, sollte man besser darauf sehen, daß sie einzigartig dem Menschen den Weg dazu frei macht, seinem Leben einen Halt zu geben. Sie nämlich vermittelt dem Menschen den Tod auf eine Weise, daß er ihm überhaupt nicht bedeutsamer werden könnte. Jetzt geht es um den Tod des Geliebten und um den eigenen, der – dank Wechselseitigkeit – nicht weniger der eines Geliebten ist.

»Mein Geliebter«, wechselseitig gesagt, ist ein Wort, das, um im letzten zu treffen, sich bis zum Tod durchsprechen muß – zu dem des Anderen und dem eigenen. Umgekehrt ist vom Tod nicht zu reden, der nicht in dem »auf den Tod« der Liebenden seine tragende lebenspraktische Bedeutung fände. Die Liebe könnte das Leben nicht kostbar machen ohne den Tod, der Tod nicht ohne die Liebe.

7. Ich und Es – in philosophischem Interesse

Ich deute das Gesagte noch einmal anders und rede dem Anschein nach von anderem: von Ich und Es. Das eigene Ich, das eigene Es – wie steht es mit der Selbstbeziehung von Ich und Es? Nehmen wir das Ich – ohne großen definitorischen Ballast – als die selbsthafte Instanz des Deutens und Begründens, dann versteht sich das Es als die selbsthafte Instanz des Gedeutet- und Begründetwerdens, zugleich aber als die des niemals völlig in die Deutungen und Begründungen durch das Ich Aufgehenden. Insofern ist sie ebensosehr als die selbsthafte Instanz des im letzten Undeutbaren und Unbegründbaren zu bestimmen. Genau daran liegt es, daß nicht alles zu Ich wird. Jedes gedeutete und begründete (gezähmte) Es ist nämlich bereits Ich. Das Ich, um nicht alle »Realität« zu sein und daraufhin zu implodieren, braucht die letzte Undeutbarkeit und Unerklärbarkeit des Es, weil es eben das Es braucht.

Die selbsthafte Beziehung von Ich und Es lebt als gelingende davon, eine – relativ – ausgewogene zu sein: Die ordnende Gewalt des Ich (Κράτος) überwältigt nicht das Es, die unbändige Gewalt des Es ($\beta \text{ία}$) nicht das Ich. Zur Lebensbefähigung, wie sie lebensteilig gegründet, bewährt und gestärkt wird, gehört das Es keinesfalls weniger als das Ich. Wir werden das programmatisch mißbrauchte »Wo Es war, soll Ich werden!« darum besser reformulieren:

Wo Es ist, hat auch Ich zu sein und seine nicht übermächtigende
Gewalt zu üben!

Wo Ich ist, hat auch Es zu sein und seine nicht übermächtigende
Gewalt zu üben!

In seiner – dank dem Ich – ausgeglichenen Gewalt steht das Es für
die belebende Lebendigkeit und belebende Tödlichkeit des Lebens. Der Ausgleich, wie er in der gelingenden selbsthaften Beziehung von Ich und Es statthat, bedeutet eine Verlebendigung
und Verendlichung des Ich. Dem Ich bleibt so das Es nichts Äu-
ßerliches. Es trägt vielmehr die Beziehung zu ihm in sich selbst
aus. Das Es versteht sich solcherweise nicht länger als feindlicher
und abstoßender Gegensatz, sondern entdeckt sich als einzigarti-
ger Intimus des Ich: Es ist ihm näher als das Ich – in jeder möglichen Selbstdurchsichtigkeit – sich selbst. Das Ich wird so nicht
länger als eine freischwebende praktische Position vorgestellt: Es
ist, sofern lebensbefähigtes und -befähigendes Leben gelingt,
selbst die praktische Position der belebenden Lebendigkeit und
Tödlichkeit des Lebens. Ich und Es sind keine zwei Entitäten,
aber sie koinzidieren auch nicht. Sie sind die notwendigen zwei
Gedanken des einen Gedankens des Lebens. Das eigene Ich, das
eigene Es – das ist ein und dieselbe Selbstbeziehung. Für den
Ausgleich der Gewalten, den die gelingende Selbstbeziehung er-
fordert, sehe ich als passende Formel an: Soviel Es wie möglich,
soviel Ich wie nötig.

Das eigene Ich, das eigene Es – alles Eigene braucht als solches
den Anderen. Ist das eigene Verhältnis von Ich und Es gestört,
dann braucht es, bietet sich Psychoanalyse als therapeutische
Institution an, den künstlichen Anderen. Bleiben jedoch die
theoretischen Konstrukte Ich und Es nicht, wie Freud es wollte,
für pathologische Fälle reserviert, sondern werden sie für die
Philosophie des gelingenden Lebens als die der gelingenden
Lebensteilung fruchtbar gemacht, dann entdecken sie erst voll,
daß sie Eigenes und Meines allein auf dem Grunde lebenspraktischer Beziehungen sind. Der ursprüngliche Ort von Ich und Es
ist – so oder so – das Interhumane, nicht das Intrahumane.
Selbstbeziehungen sind im ersten und letzten lebensteilige Beziehungen. Das aber ist in der gelingenden Selbstbeziehung von Ich
und Es allem zuvor lebensteilig aufs Spiel gesetzt: das eigene
Leben, die eigene Liebe, der eigene Tod.

Im Fluß der thesenartigen Darstellungen von Überlegungen zu

menschlichem Leben diesseits von Utopie und Akzeptanz scheint die Zukunft der Psychoanalyse etwas aus dem Blickfeld geraten zu sein. Doch das scheint nur so, stellen doch diese Überlegungen zum Abschluß die weitestgehende Vermutung dar, daß Philosophie an der Zukunft der Psychoanalyse selbst Interesse hat.

Jürgen Körner
Die Professionalisierung
des Psychoanalytiker-Berufes

1. Einleitung

Die Professionalisierung des Psychoanalytiker-Berufes scheint in der nahen Zukunft einen vorläufigen Abschluß finden zu können. Neue berufsrechtliche und sozialrechtliche Bestimmungen beenden ein Provisorium, unter dem Ärzte und Diplom-Psychologen den Beruf des Psychoanalytikers erlernt und ausgeübt haben. Der neugeschaffene Facharzt für Psychotherapie bietet den Ärzten einen gesicherten Berufszugang, und das Psychotherapeutengesetz wird die Psychologen von einer – nicht selten als diskriminierend empfundenen – Abhängigkeit von ärztlicher »Delegation« befreien. Staatlich anerkannte und staatlich kontrollierte Weiterbildungseinrichtungen werden die alten, privat geführten psychoanalytischen Lehrinstitute ablösen. Ihre Absolventen – ob im Grundberuf Arzt oder Diplom-Psychologe – dürfen ihres dauerhaften Rechtsanspruchs auf Erstattung ihrer Honorare durch die Krankenkassen sicher sein. In diesen Veränderungen zeigt sich, wie sehr die Psychoanalyse als eine Methode der Heilkunde öffentliche Anerkennung gewinnen und sichern konnte.

Staatliche Kontrolle und rechtlich gesicherter Anspruch auf ein Leistungsmonopol bilden die höchste Stufe eines Professionalisierungsprozesses, der vor etwa 85 Jahren begann. Im Jahre 1910 richteten Psychoanalytiker die ersten Studiengänge ein; seither ist der Berufszugang als Weiterbildung geregelt. Zunehmend differenzierten sich die Curricula, Ämter und Hierarchien wurden geschaffen, Wertmaßstäbe überwachen heute den Eintritt in die Weiterbildung und ihren Abschluß, und Qualitätsvorstellungen prägen den wissenschaftlichen Austausch und die publizistische Aktivität.

Wachsende öffentliche Anerkennung zahlte sich aus, als im Jahre 1967 die Einbindung psychoanalytisch-therapeutischer Leistungen in das kassenärztliche Versorgungssystem gelang; demgegenüber schien es gering zu wiegen, daß die fachliche Verantwortung für die Weiterbildung mehr und mehr verlorenging, daß es nun eine »im System festgelegte Präsenz des Dritten«, eines Gutachters (Cremerius 1992, S. 70) gab und daß der Zugang zur Weiterbildung nur mehr Ärzten und Psychologen vorbehalten blieb. Alle anderen, alle Theologen und Soziologen, Pädagogen und Geschichtswissenschaftler werden seither von der Berufsausbildung zum Psychoanalytiker ferngehalten.

Aber diese Nachteile wiegen schwer: Die Beschränkung der Zugangsberufe auf Ärzte und Psychologen verengt das wissenschaftliche und methodische Spektrum der Psychoanalyse, die wachsende staatliche Kontrolle über Curricula und Abschlußprüfungen unterwirft die psychoanalytische Weiterbildung sachfremden Einflüssen, das Verschwinden der Berufsbezeichnung des »Psychoanalytikers« in dem des sehr viel breiter angelegten »Arztes für psychotherapeutische Medizin« bzw. des »Psychologischen Psychotherapeuten« löst die einheitliche psychoanalytische Berufsidentität auf, und die Einordnung psychoanalytisch-therapeutischer Leistungen in die Kostenpläne der Gesundheitsversorgung zwingt die Psychoanalyse in eine unfaire Konkurrenz zu medizinischen Leistungen. Sie bedroht das Einkommen der Psychoanalytiker und behindert den freien Zugang des Patienten zur psychoanalytischen Behandlung.

Hat es sich dennoch gelohnt, die staatliche Anerkennung zu erringen? Sind die Kosten der Professionalisierung niedrig genug, um ihr Ergebnis zu rechtfertigen? Und: Wie wird sich die Psychoanalyse weiter entwickeln, nachdem die Professionalisierung dieses Berufes so weit vorangeschritten ist?

2. Die Professionalisierung des Psychoanalytiker-Berufes

Eine Professionalisierung dient allgemein dazu, eine Tätigkeit zu einem Beruf und zu einer Erwerbsquelle zu machen (Titze 1989). Erste Voraussetzung ist, daß professionelles Handeln vom Laienhandeln unterscheidbar wird. Zum Beispiel soll jedermann einsehen, daß ein psychotherapeutisches Gespräch sich von einem Gespräch unter hilfreichen Freunden unterscheidet. Dann muß professionelles Handeln erlernt werden, daher sind Studiengänge einzurichten, welche einen Abschluß nach definierten Standards erlauben. Regelmäßig bilden sich Berufsverbände, die derartige Ausbildungen betreiben, ihre Ziele definieren und überwachen. Früher oder später erfüllen diese Ausbildungen auch eine Nadelöhrfunktion und dienen nicht selten künstlicher Verknappung.

Erfolgreich verlaufende Professionalisierungen führen zu gesellschaftlicher Anerkennung dieses Berufes, vor allem dann, wenn die berufsspezifische Standesvertretung wissenschaftliche Forschung betreibt und die Einhaltung berufsständischer Normen effektiv überwacht. Im idealen Falle führt die staatliche Anerkennung eines Berufes dazu, daß seine Inhaber ihre Tätigkeit monopolartig anbieten dürfen und allen anderen seine Ausübung verboten wird. Und wenn die so entwickelte Profession für eine Gesellschaft wertvoll oder gar notwendig wird, dürfen die Angehörigen dieses Berufes damit rechnen, daß ihre Leistungen auch aus öffentlichen Kassen – oder zumindest tariflich geregelt – bezahlt werden.

Der Beruf des Arztes gilt als Beispiel für eine gelungene Professionalisierung. In der Tat ist die ärztliche Tätigkeit von der eines Laienhelfers fast immer gut zu unterscheiden; eine straff organisierte und wachsame Standesvertretung, in der jeder Arzt zwangsweise Mitglied ist, sorgt »nach innen« für die Einhaltung berufsständischer Normen, verschafft »nach außen« politisch und materiell wirksamen Einfluß und ist an der Konzeption von Ausbildung und Weiterbildung beteiligt.

Demgegenüber gilt zum Beispiel der Beruf des Pädagogen, insbesondere der des Sozialpädagogen, zuweilen nur als »semiprofessionell« (Dewe/Otto 1987), weil sich die Tätigkeit eines Pädagogen nicht immer mit nötiger Sicherheit vom Handeln eines wohlmeinenden Mitmenschen unterscheiden läßt und weil es nicht gelungen ist, diesen Beruf zu einer sicheren Erwerbsquelle zu machen. Das Ansehen des Pädagogen in der Öffentlichkeit läßt zu wünschen übrig, und die Einrichtung entsprechender Studiengänge hat durchaus nicht zu einem ausreichenden Angebot entsprechend gut dotierter Stellen geführt.

Jeder Professionalisierungsprozeß geht mit einer Bürokratisierung einher (Terhart 1990). Es entstehen Ämter, die einander übergeordnet sind, und hierarchische Strukturen, die man im Sinne einer Laufbahn erklettern kann. Es herrscht zunehmend Arbeitsteilung, der einzelne ist seinem Amt verpflichtet, er verhält sich loyal zur Organisation, zur Institution, der er angehört. Damit werden die Handlungsspielräume aller Beteiligter enger, sie fällen ihre Entscheidungen nicht mehr »nach bestem Wissen und Gewissen«, sondern danach, was von einem Amtsinhaber erwartet wird.

Die Qualifikation eines Amtsinhabers ist danach zu beurteilen, wie er die Erwartungen erfüllt, die an sein Amt – nicht an seine Person! – zu richten sind. Nicht informelle Kriterien sollen über eine Laufbahn eines Amtsinhabers entscheiden, nicht seine Beliebtheit oder seine subjekthafte Wirkung, sondern die offen diskutierbare Qualität, mit der er sein Amt ausfüllt. Darin nämlich liegt ein wünschenswertes Merkmal bürokratischer Entwicklung: daß sie die informelle Verteilung von Macht und Einfluß zugunsten öffentlicher Kontrolle verringert. Und indem der einzelne sein berufliches Fortkommen, seine Karriere planen und mit rationalen Mitteln verfolgen kann, stellt er sich auch in den Dienst der Organisation, welche ihm die Hierarchie der Ämter und ihrer Aufgaben anbietet.

Psychoanalytische Institutionen, die Fachgesellschaften und Weiterbildungseinrichtungen haben schon seit vielen Jahren einen Prozeß der Bürokratisierung durchlaufen. Steile Hierarchien haben sich aufgebaut. Der junge Kollege beginnt als Bewerber um die Weiterbildung, dann wird er Hörer, Kandidat, Praktikant, nach der Prüfung ein Gast, vielleicht ständiger Gast, dann Mitglied im Institut oder in einer Arbeitsgruppe am Ort, vielleicht auch Dozent, schließlich wird er mit Lehr- und Kontrollanalysen beauftragt, und endlich kann es sein, daß er Lehranalytiker wird, den Weiterbildungsausschuß leitet, in den Vorstand einrückt usw. usw.

Neben dieser Bürokratisierung haben psychoanalytische Institutionen aber an kontrabürokratischen, familialistischen Strukturen festgehalten. Insbesondere die kleineren Weiterbildungseinrichtungen werden – aller formalen Hierarchie zum Trotz – von einer Gruppe getragen, die sich als Freundeskreis oder zumindest als eine Gruppe »Gleichgesinnter« versteht. Sie haben sich in der Regel keine Geschäftsordnung gegeben, welche die Pflichten des einzelnen in seinem Amte beschreibt. Die Mehrzahl der Entscheidungen, die Zuwahl neuer Mitglieder, die Bestellung zum Dozenten, die Beauftragung mit Lehranalysen durchlaufen zwar den Prozeß formeller Abstimmungen, tatsächlich aber gründen diese Entscheidungen in informellen Übereinkünften. Es fehlt an kontroversen Diskussionen und an rationalen, nachvollziehbaren Begründungen für oder gegen eine Entscheidung.

Der *Status des Lehranalytikers* ist ein besonders sinnfälliges Beispiel für die rätselhafte Mischung aus Bürokratismus und Familialismus in psychoanalytischen Institutionen. Der Lehranalytiker bekleidet ein Amt, welches ihm in der Institutsöffentlichkeit und darüber hinaus ein hohes Ansehen verleiht. Er allein darf Weiterbildungsteilnehmer in die persönliche Analyse nehmen, in der Regel ist er allein zur Durchführung von Supervisionen ermächtigt. Lehranalytiker bilden zwar in allen Instituten ein eigenes Gremium, aber ebensowenig wie sie als einzelne bestimmten Pflichten unterliegen, haben sie als Mitglieder dieses Gremiums eine erkennbare Aufgabe – außer jener, neue Lehranalytiker zu bestimmen, also ihren eigenen Nachwuchs vorzuschlagen.

Der außerordentlich hohe soziale Status des Lehranalytikers und seine einflußreiche Tätigkeit stehen in krassem Gegensatz zu den Mechanismen, die seine Ernennung regulieren. Alle Weiterbildungsinstitute, ferner die Fachgesellschaften und auch die psychoanalytische Dachgesellschaft (DGPT) verleihen den begehrten Titel des »Lehranalytikers«, aber sie verwenden bei ihrer Auswahl keinerlei sachangemessene Maßstäbe. Einziges öffentlich kontrollierbares Kriterium ist die simple Forderung, einige Jahre in der Weiterbildung am heimischen Institut mitgearbeitet zu haben; alle anderen Kriterien werden informell gehandhabt: Wissenschaftliche Reputation, persönliches Ansehen unter den Kollegen, Loyalität zum eigenen Institut usw.

Es scheint, als sei der Status des Lehranalytikers ein Hinweis darauf, daß die Professionalisierung des Psychoanalytiker-Berufes noch nicht ganz gelungen ist, denn die Aufgabenteilung hat zwar öffentliche Ämter hervorgebracht – wie eben das des Lehranalytikers –, aber darin versagt, den Zugang zu diesem Amt und seiner Ausfüllung öffentlich zu kontrollieren.

Auch die *psychoanalytische Weiterbildung* selbst, ihre *Inhalte* und ihre *Methoden* scheinen nicht recht zu dem Stand der Professionalisierung des Psychoanalytiker-Berufes zu passen. Einerseits haben die psychoanalytischen Weiterbildungseinrichtungen in den letzten 25 Jahren zahlreiche Merkmale staatlich kontrollierter Studiengänge übernommen – halb freiwillig, halbwegs als Preis für die materiell segensreiche Einbindung psychotherapeutischer Leistungen in das kassenärztliche Versorgungssystem. Sie haben ihre Studiengänge formalisiert mit Hilfe von Studien- und Prüfungsordnungen, die auch juristischer Anfechtung standhalten. Sie haben das Lehrangebot curricularisiert und didaktisiert (Planung des semesterweisen Aufbaus des Studiums, Überlegungen über das Verhältnis von Lehrinhalten und ihrer Vermittlung im Unterricht), haben die Lehre methodisch verbessert über den Einsatz von Medien, Transkriptionen von Therapiesitzungen und gar Videoaufnahmen von Erstinterviews. Die Studierenden durchlaufen Stufen der Qualifikation, unterliegen mehrfach einer Beurteilung und müssen für das Examen eine ausführliche Examensarbeit mit einer Falldarstellung, an einigen Orten auch mit einer zusätzlichen wissenschaftlichen Arbeit vorweisen.

Andererseits scheint die Verwissenschaftlichung der psychoanalytischen Weiterbildung mißlungen zu sein. Alle Lehrer in den Einrichtungen dieser Weiterbildung sind selbst Psychoanalytiker, aber kaum einer ist für den Beruf eines Psychoanalyse-Lehrers gesondert ausgewiesen. Weder verfügen sie über eine nachprüfbare pädagogische bzw. didaktische Kompetenz (ist jeder gute Psychoanalytiker auch ein guter Psychoanalyse-Lehrer?), noch haben sie alle gelernt, die Theorien der Psychoanalyse wissenschaftlich zu reflektieren. Wenig rezipieren sie die Forschungsergebnisse der Nachbarwissenschaften (z. B. der kognitiven Psychologie, der Entwicklungspsychologie, der Neurobiologie) und sind auch selten an philosophischen, speziell wissenschaftstheoretischen Diskussionen beteiligt. Was sie anbieten, ist ihr persönliches Verständnis von Psychoanalyse, welches sie in Seminaren über psychoanalytische Texte und kasuistische Beiträge zu erkennen geben.

Angesichts dieser Lage der Weiterbildung mag man sich wünschen, die Professionalisierung dieses Berufes möge alsbald auch zu einer öffentlichen Kontrolle aller Ämter – vor allem der des Lehranalytikers – führen und dazu beitragen, die Lehre in der Weiterbildung zu verbessern und das Lehrpersonal wissenschaftlich und pädagogisch zu qualifizieren. Doch bevor das geschieht – und ich zweifle nicht daran, daß dies geschehen wird –, sollen noch einige Argumente zur Sprache kommen, die den bisher erreichten Stand der Professionalisierung in einem anderen Lichte erscheinen lassen.

Als Beispiel hierzu diene die Professionalisierung des Lehrer-Berufes. Die Lehrerausbildung lag bis in die sechziger Jahre hinein in den Händen der alten Pädagogischen Hochschulen. Dort unterrichteten Lehrer, nicht primär Fachwissenschaftler. Die Studierenden lernten, wie ihre Lehrer ihre pädagogische Aufgabe verstanden, aber sie lernten noch wenig über die Didaktik ihrer späteren Unterrichtsfächer. Diese Ausbildung geriet in den Verdacht mangelnder wissenschaftlicher Qualität, eine Integration der Pädagogischen Hochschule in die Universität sollte dem abhelfen.

Die heute an den Universitäten ausgebildeten Lehrer erwerben nun eine hohe fachdidaktische Kompetenz bei Wissenschaftlern in Mathematik, Fremdsprachen oder Geographie, aber es fällt ihnen schwer, pädagogische Kompetenz zu gewinnen. In der ersten Begegnung mit ihren Schülern fühlen sie sich persönlich häufig überfordert. Der »Praxisschock« ist das Symptom für einen nicht geglückten Übergang von der Universität in die Welt der Schule. Der Grund für diese Krise liegt regelmäßig darin, daß Lehrerstudenten während ihrer Ausbildung nur selten mit Lehrern in Kontakt treten, aber viele Psychologen, Soziologen, Philosophen und vor allem Fachwissenschaftler kennenlernen.

Die Absolventen verwissenschaftlichter Studiengänge werden also zum »Experten« (Terhart 1990, S. 151) ausgebildet, und sie verfügen über ein hochspezialisiertes Handlungswissen, aber es fehlt ihnen gewöhnlich die für den Beruf spezifische Haltung, die Berufsethik, die sich offenkundig nicht so einfach aus unterschiedlichen fachwissenschaftlichen Angeboten zusammensetzen läßt. Insofern ist die Professionalisierung der Lehrerausbildung – einseitig als Verwissenschaftlichung vorangetrieben – gescheitert (Schwendenwein 1990).

Könnte es nicht sein, daß die psychoanalytische Ausbildung vor einem ähnlichen Problem steht: daß nämlich eine Professionalisierung der Weiterbildung zwar das Niveau der Lehrveranstaltungen heben könnte, aber an der Aufgabe scheiterte, die psychoanalytische Berufsethik zu vermitteln? Und daß die bisher geübte Ausbildungspraxis zwar nicht didaktischen und fachwissenschaftlichen Ansprüchen genügen kann, aber sehr wohl geeignet ist, das spezifische Berufsethos des Psychoanalytikers anzubieten, weil der Lernende hier einem Lehrer gegenübersteht, der in seiner Haltung, in seiner Beziehung zum Thema, zum Lerngegenstand, die Berufsethik des Psychoanalytikers repräsentiert?

3. Die Berufsethik
des Psychoanalytikers

Leitmotiv für jede Professionalisierung ist die Entwicklung einer Berufsethik (Terhart 1990). Eine gelungene Professionalisierung schützt die Berufsethik und gibt ihr Raum, sich fortzuentwickeln. Was nun ist psychoanalytische Berufsethik, und wie weit steht die Professionalisierung des Psychoanalytiker-Berufes auch in ihrem Dienste?

Die psychoanalytische Berufsethik gibt an, welchen Handlungsregeln ein Psychoanalytiker in seiner Arbeit zu folgen hat, was er in bestimmten Situationen zu tun und was er zu unterlassen hat. Allgemein könnte man, in Anlehnung an Niemeyer (1990, S. 85), der die berufliche Ethik des Pädagogen definierte, die Berufsethik des Psychoanalytikers begründet sehen in sittlicher und fachlicher Autonomie, in relativer Autonomie auch gegenüber institutioneller Gebundenheit und in der Verantwortlichkeit gegenüber den Patienten. Diese sehr allgemein gehaltene Bestimmung von sittlicher und fachlicher Autonomie bedarf der Präzisierung. Gemeint ist eine Gruppe von *Einstellungen* (beispielhaft Mertens über die Abstinenzregel, 1992, S. 1), die sich zu einer *Haltung* (z. B. Kutter u. a. 1988) verdichten, gemeint ist aber auch ein *Handlungswissen* oder *»Veränderungswissen«* (Thomä und Kächele 1985), das sich auf die reflektierte Anwendung der psychoanalytischen Methode stützt (z. B. Faimberg 1987, Körner 1990).

Im Falle der psychoanalytischen Berufsethik ist es nun auffällig, daß es einen verbindlichen *Kanon des Regelwissens* nicht zu geben scheint; die »technischen« Begriffe wie »Abstinenz«, »freie Assoziation« und »gleichschwebende Aufmerksamkeit« geben durchaus nicht an, was der Psychoanalytiker in der Behandlungssituation zu tun hat. Beinahe das Gegenteil ist der Fall: Einige Konzepte sind negativ bestimmt, wie das der Abstinenz, andere zielen auf eine Utopie hin, wie die der gleichschwebenden Aufmerksamkeit und der freien Assoziation. Wieder andere, wie die des Arbeitsbündnisses (Deserno 1990), der »therapeutischen Ich-Spaltung« (Körner 1989) und der Realbeziehung (Ermann 1992), bestimmen zwar nicht die Regeln therapeutischen Handelns, aber sie vermitteln eine Auffassung von einer hilfreichen psychoanalytisch-therapeutischen Beziehung.

Die *Haltung des Psychoanalytikers* zeigt sich weniger darin, daß er eine Gruppe von Handlungsregeln beachtete, sondern eher darin, wie er die *psychoanalytische Beziehung* auffaßt. Diese könnte man wie folgt charakterisieren: Der Analysand leidet unter inneren Konflikten, und er kommt, um für diese Konflikte befriedigendere und weniger schmerzhafte Lösungen zu suchen (A.-M. Sandler 1988, S. 3). Wir bieten ihm eine therapeutische Beziehung an, in der er seine Konflikte in der Gestalt unbewußter Beziehungsphantasien zur Geltung bringen kann. Wir erlauben ihm, innerhalb des »Rahmens« der psychoanalytischen Situation (Bleger 1968) seine inneren Konflikte als Beziehungskonflikte zu entfalten, indem er uns als Objekte projekt-identifikatorisch »verwendet« (Sandler 1976).

Der Beitrag des Analytikers liegt zunächst in unserer Bereitschaft, dem Analysanden die Objektverwendung – es ist eine Art Übergangsbeziehung – zu erlauben. Wir setzen uns den Übertragungsphantasien aus, lassen uns als bedrohliche Mutter, verführerischer Vater oder neidisches Geschwister ansprechen, und wir erleben all diese Möglichkeiten: Wir räumen ein, daß wir neidisch oder verführerisch oder bedrohlich sind, wir spüren, wie das wirklich wäre, aber wir handeln nicht so.

Die Übertragungsbeziehung ist für beide Beteiligten eine Beziehung von tiefem Ernst und wahrhaftiger Gefühle.[1] Daß in dieser Beziehungswirklichkeit die unbewußte Beziehungsphantasie erkennbar wird, ermöglichen wir dadurch, daß wir unser Gespräch mit dem Analysanden »fiktionalisieren« (Raguse 1992), wir betrachten es wie einen literarischen Text oder wie einen Traum, der auf etwas Verborgenes, auf einen latenten Sinn hindeutet.

Heilung im psychoanalytischen Prozeß erreichen wir, indem wir dem Analysanden die Wirksamkeit seiner Beziehungsphantasie in der konkreten Situation deuten und indem wir in der Deutung zu erkennen geben, daß wir unseren Anteil in der konflikthaften Dyade akzeptieren, also nicht verleugnen oder ins Gegenteil verkehren. Indem wir so über die Beziehung sprechen, bieten wir dem Analysanden einen »exzentrischen Standpunkt« (Körner 1990a) an, von dem aus er sich und uns wie von außen betrachten kann. Damit nimmt er Abschied von der Übergangsbeziehung,

1 Freud schrieb 1915: »Man hat kein Anrecht, der in der analytischen Behandlung zutage tretenden Verliebtheit den Charakter einer ›echten‹ Liebe abzusprechen« (Freud 1915, S. 317).

der Objektverwendung, in der der Analytiker nicht »für sich« sein durfte, sondern für ihn, den Analysanden, da zu sein hatte.

Eine Veränderung erreichen wir freilich nicht schon dadurch, daß wir dem Analysanden den Irrtum seiner Übertragung, die Reminiszenz alter Beziehungsphantasien vor Augen führen. Derartige Hinweise und rekonstruktive Deutungen dienen der Anschauung, weniger der Veränderung. Veränderung heißt in der Regel: Integration bislang nicht integrierbarer Selbst-Anteile (Daser 1991). Sie setzt eine »Vorleistung« (Ermann) des Analytikers voraus, sein Durcharbeiten der ihm angebotenen Beziehungsphantasie.

Die persönliche Voraussetzung des Analytikers, der Kern seiner professionellen Haltung, liegt darin, daß er fähig ist, die projizierten Beziehungsphantasien anzunehmen (Loch sprach vom »Verkosten« der Übertragung), sich mit ihnen zu identifizieren, diese Identifikation aber zu begrenzen und wieder »loszulassen«. Das setzt eine relative Unabhängigkeit von den eigenen inneren Objekten voraus, eine nicht allzu große Angst vor eigenem Unbewußten und eine elastische Abwehr.

Operationalisierbare Ziele der Analyse kann es in diesem Konzept nicht geben. Auch gibt es keinen Bezugspunkt, von dem aus die Übertragung des Analysanden zu »vermessen« wäre. Sinn dieses Verfahrens ist es ja gerade, die Analyse nicht auf einen Punkt hin voranzutreiben, sondern die vorgefundene Beziehungswirklichkeit zu *dekonstruieren*, die gegenwärtigen Kompromisse und Lösungsversuche (wie z. B. eine projektive Identifizierung) sichtbar werden zu lassen und ihre unbewußten Hintergründe zu erhellen. Auch der Analytiker ist darin gefordert, sein Selbstverständnis, die Konfliktlösungen seiner eigenen Lebensgeschichte zu fiktionalisieren – anders könnte er die angebotene Beziehung, die oftmals sehr »böse« Züge trägt, in sich nicht lebendig werden lassen.

Mit dieser Auffassung der psychoanalytischen Beziehung läßt sich begründen, wieso die Konzepte der psychoanalytischen Beziehung so wenig als Regeln im Sinne eines zielbezogenen Veränderungswissens taugen: Die Abstinenzregel, die Lehre vom Arbeitsbündnis und von der Realbeziehung, insbesondere aber die Verpflichtung zur freien Assoziation dienen dazu, die Auffassungen des Analysanden und des Analytikers über ihre gegenwärtige Realität, über ihre Ziele und Absichten zu dekonstruieren, ihre verdunkelte Herkunft aus unbewußten Phantasien erfahrbar zu machen. Sie legen einen Rahmen um eine Situation, deren Realität damit zur Fiktion wird und in der das unbewußt Absichtsvolle, das in den bewußten Absichten verborgen ist, sichtbar wird.

Auch wenn der psychoanalytische Prozeß in diesem Sinne »ziellos« verläuft, ist er doch absichtsvoll. Denn letzten Endes soll er dem Analysanden helfen, eine akzeptable und weniger schmerzhafte Lösung für seine inneren Konflikte zu finden (A.-M. Sandler 1988, S. 3). Doch weder der Analysand noch der Analytiker können diese Lösung antizipieren; sie liegt nicht bereit wie ein Ziel, das man ansteuern könnte, sondern die beiden Beteiligten entwickeln gemeinsam eine Beziehungsrealität als eine neue Konstruktion, in der sie beide verändert einen Platz haben.

Psychoanalytische Arbeit ist ein Pendeln zwischen der Hingabe an das Unbewußte und dem Begreifen, der Betrachtung von einem »exzentrischen« Standpunkt aus. Eines allein könnte nicht genügen: In der Hinwendung zur unbewußten Phantasie verlören sich Analytiker und Analysand in einem utopischen Raum, in dem alles möglich, aber auch alles einerlei wäre. Und im Begreifen allein gelänge vielleicht die perfekte Anpassung an vorgefundene soziale Verhältnisse, aber nicht der Entwurf einer neuen Beziehungswirklichkeit.

Freuds »technische« Begriffe tragen diesen *Doppelcharakter von Hingabe und Kontrolle*. Sein Übertragungsbegriff (»falsche Verknüpfung«, Freud 1895, S. 310) zum Beispiel erlaubt dem Analytiker einerseits die Hingabe an die unbewußte Beziehungsphantasie als ernsthafte, »echte Beziehung« (Freud 1915, S. 317) und zugleich die »Kontrolle« dieser Phantasie in distanzierter Betrachtung, in Rekonstruktion und Deutung.

4. Berufsethik und Professionalisierung

Die psychoanalytische Berufsethik steht zu der Professionalisierung des Psychoanalytiker-Berufes in einem wechselseitigen Spannungsverhältnis. Einerseits wirkt der Prozeß der Verberuflichung auf die Berufsethik des Psychoanalytikers – soll sie auch bewahren und fortentwickeln –, andererseits geben Psychoanalytiker ihrer Professionalisierung eine Richtung, die ihrer berufsethischen Auffassung entspricht.

Die Vorteile der Professionalisierung liegen auf der Hand: Es ist die wachsende Fähigkeit, sich in der wissenschaftlichen Konkurrenz zu bewähren, und es ist die verlockende Aussicht, in Zeiten scharfen ökonomischen Wettbewerbs und knapper Kassen mit objektiven Daten über Therapieerfolg gesundheitspolitisch erfolgreich zu sein. Auch die Unsicherheit der Weiterbildungsteilnehmer über ihren eigenen Lernfortschritt und ihre Angst vor den Examina könnte einmal ein Ende haben. Hatten sie bislang zu fürchten, daß – mehr oder weniger verdeckt – ihre Loyalität zum heimischen Institut oder ihre charakterliche Eignung geprüft wird, dürfen sie nun hoffen, daß prüfbare Qualifikationen – eben Wissen und meßbare Handlungskompetenz – der Gegenstand von Prüfungen und Kolloquien wird.

Betrachtet man nun die Auswirkung der Professionalisierung auf die Berufsethik des Psychoanalytikers, so kommt man leicht zu einer sehr kritischen Einschätzung. Die Neigung der Psychoanalytiker, in der Auseinandersetzung mit konkurrierenden therapeutischen Methoden (und angesichts scharfer Kritik an der Seriosität ihrer eigenen Theorie) therapeutische Ziele zu objektivieren und die Wege psychoanalytischer Therapie intersubjektiv gültig darzustellen, geht zu Lasten ihrer Fähigkeit, jenseits der (Beziehungs-)Wirklichkeit die unbewußte Phantasie wahrzunehmen. Je mehr es ihnen gelingt, in der Beschreibung des psychoanalytischen Prozesses von der Subjektivität des persönlichen Eindrucks zu abstrahieren, und je mehr es möglich wird, das Ziel einer Therapie zu operationalisieren, desto mehr verstärken sie das Kontrollmoment ihrer Erkenntnismethode; das Moment der Hingabe hingegen geht verloren. Ihre Beschreibungen gewinnen an Eindeutigkeit und Vergleichbarkeit, aber sie verlieren an metaphorischer Vieldeutigkeit, ihr Anspielungsreichtum, ihr Hinweischarakter verkümmert.

Ganz analog verhält es sich mit der Organisation und den Zielen psychoanalytischer Weiterbildung. Verwissenschaftlichte Inhalte und curricularisierte Studiengänge klären zwar den »Gegenstand« der psychoanalytischen Methode und erlauben allen Lehrenden und Lernenden, den Lernfortschritt sicher abzuschätzen.[2] Aber auch hier stellt sich der Nachteil ein, daß ein Kandidat zwar Be-

2 Endlich kann man »richtige« Prüfungen abnehmen, in denen es nicht um die Haltung des Kandidaten und erst recht nicht um seine persönliche Eignung, sondern um Wissen und verfügbare Handlungskompetenz geht.

griffe lernt und Methoden anwenden kann, aber daß ihm die berufsethische Haltung des Psychoanalytikers, die intermediäre Position zwischen Hingabe und Kontrolle, fremd bleibt.

Wenn Psychoanalytiker heute über die Folgen der Professionalisierung ihres Berufes und insbesondere über die Institutionalisierung und Bürokratisierung ihrer Strukturen klagen, so liegt das wohl daran, daß sie ihre Nachteile sehr gut spüren.

Zweifellos stecken Psychoanalytiker in einem kaum lösbaren Dilemma. Einerseits ist die Professionalisierung des Psychoanalytiker-Berufes in vieler Hinsicht gelungen: Sie hat zu gesellschaftlicher Anerkennung geführt, psychoanalytische Tätigkeit setzt eine geregelte Ausbildung voraus, deren Absolventen ihre Leistungen monopolartig anbieten und nach festen Gebührensätzen abrechnen dürfen. Andererseits geriet die (unvermeidbare?) Institutionalisierung der psychoanalytischen Ausbildung aber zunehmend in Widerspruch zu der Berufsethik des Psychoanalytikers, dessen Arbeit auf die Wahrnehmung der unbewußten Phantasien in der fiktiven Realität der Übertragungsbeziehung gerichtet ist. Psychoanalytiker als Angehörige einer Berufsgruppe sind gezwungen, ihre Identitätsbildung auf Abwehrprozesse zu gründen, mit denen sie dynamisch wirksames Unbewußtes schaffen, wie Beland (1983) schreibt. Als einzelne stehen sie vor dem kaum lösbaren Problem, daß sie – z. B. als Lehranalytiker in der Lehranalyse – auch jene Abwehrprozesse durchschauen sollen, denen sie ihren eigenen Status verdanken, und daß sie – als Dozenten – Begriffe verwenden, deren Vieldeutigkeit und Anspielungsreichtum einer institutionellen Abwehr verfiel. Und als Angehörige einer Berufsgruppe schaffen sie bürokratische Strukturen, deren Stabilität darin gründet, daß ihre Sinnhaftigkeit von allen Beteiligten akzeptiert wird. Psychoanalytische Arbeit zielt aber darauf, gerade im Vernünftigen, gemeinsam Akzeptierten die nicht-vernünftige unbewußte Phantasie wahrzunehmen.

Dieses Dilemma, in dem sich Psychoanalytiker unvermeidlich bewegen, prägt nicht nur ihre Berufsethik, sondern auch ihre institutionellen und bürokratischen Strukturen. Zum Beispiel lassen sich so die rätselhaft widerspruchsvollen Verhältnisse in der *Organisation der Weiterbildung* besser verstehen. Die scheinbar antiquiert-unprofessionellen Dozenten gewährleisten bei aller fraglichen pädagogischen und fachwissenschaftlichen Kompetenz doch die Vermittlung einer psychoanalytischen Berufsethik – einfach deswegen, weil sie ihre »Lerngegenstände« als Psychoanalytiker anbieten und dadurch ihre psychoanalytische Haltung vermitteln. Wenn also ein Psychoanalytiker über Abwehrmechanismen unterrichtet, so tut er das vielleicht weniger präzise und differenziert als etwa ein kognitiver Psychologe, aber er spricht indirekt auch darüber, wie er selbst die Abwehr eines Analysanden aufnimmt und in ihr die abgewehrte unbewußte Phantasie aufleuchten sieht. In der Sprache des Psychoanalytiker-Dozenten behält der Abwehrbegriff (wie die anderen klinischen und methodischen Begriffe) so seinen »schwebenden« Charakter (Sloterdijk), seine widersprüchliche Gestalt zwischen Hingabe und Kontrolle.

Andererseits erscheint dieser Psychoanalytiker, der in seinem Unterricht seine psychoanalytische Haltung zur Geltung bringt, in einem modernen, professionalisierten Weiterbildungsinstitut antiquiert. Er steht im Verdacht, die psychoanalytische Methode zu einer Haltung der reinen *Hingabe* an das Unbewußte zu mystifizieren und die Theorie der Behandlungstechnik der rationalen Kontrolle zu entziehen. Insbesondere die für Psychoanalytiker typische Lehrmethode der Fallerzählung stößt auf Kritik (z. B. Spence 1989, Meyer 1994), weil sie dem Erzähler und seinen Konzepten notorisch »gefällig« sei und alternative Schlußfolgerungen nicht zulasse. Die Sprache der Kasuistik sei metaphorisch und andeutungsvoll, aber unwägbar und Argumenten unzugänglich.

So sind die Lehrer an einem psychoanalytischen Ausbildungsinstitut in einer widerspruchsvollen Lage. Einerseits haben viele von ihnen gelernt, die Psychoanalyse argumentationszugänglich darzustellen und auch fachwissenschaftliche Gebiete, etwa aus der Sozialpsychologie, der kognitiven Psychologie und der Entwicklungspsychologie, kompetent zu vermitteln. Sie bemühen sich um eine intersubjektiv eindeutige Theoriesprache und suchen nach Kriterien zur Beurteilung psychoanalytischer Kompetenz. Andererseits halten sie an dem metaphorischen Charakter psychoanalytischer Begriffe fest und bestehen darauf, daß die Begegnung zwischen Analytiker und Patient nicht vollständig aufgeklärt, das heißt bewußt gemacht werden kann.

Wenn sich die Dozenten an einem Lehrinstitut in dieser Widersprüchlichkeit verfangen, dann geraten auch die Lernenden in eine sehr schwierige Lage. Sie lernen eine metaphorisch klingende Sprache und lauschen andeutungsreichen Erzählungen über den therapeutischen Prozeß, aber sie bemerken auch, daß ihre Lehrer in der Regel selbst meinen, über etwas Objektives, Eindeutiges zu sprechen. Wie verwirrend ist es, wenn ein Psychoanalyse-Lehrer berichtet, wie er einen Affekt seines Patienten »containen« konnte, wenn er diesen Bericht aber nicht als anspielungsreiche Erzählung, sondern als Tatsachenbericht verstanden wissen will! Und wie verwirrend ist es umgekehrt, wenn ein Lehrer (oder ein Forscher) über den »zentralen Beziehungskonflikt« spricht, aber verleugnet, daß dieses Konfliktthema seine Vielschichtigkeit nur innerhalb der subjekthaften therapeutischen Beziehung gewinnt!

Man darf nicht hoffen, daß diese Dilemmata auflösbar sind. Aber Psychoanalytiker könnten sich etwas sicherer in ihnen bewegen, wenn sie sich mehr als bisher des Doppelcharakters ihrer Sprache und der Widersprüchlichkeit ihrer Arbeit bewußt würden.

Ähnlich verhält es sich mit der *Lehranalyse*. Auch hier hatte die Professionalisierung in ein Paradoxon geführt: Einerseits ist das »Amt« des Lehranalytikers hoch angesehen, und der Lehranalytiker nimmt über seine Analysen großen Einfluß auf den Lernprozeß der Weiterbildungsteilnehmer. Andererseits folgt die Berufung von Lehranalytikern subjekthaften Kriterien, und die Aufgaben seines Amtes bleiben im dunkeln. Es scheint so, als habe die Institutionalisierung der Psychoanalyse zwar ein hohes Amt hervorgebracht, aber versäumt, dieses Amt der öffentlichen Kontrolle zu unterwerfen.

Diese Widersprüchlichkeit entspricht aber recht gut der »Doppelfunktion« (Cremerius 1986, S. 1077), die der Lehranalytiker an einem professionellen Institut auszufüllen hat. Sein Amt – wie auch das des Dozenten – mußte in der Hierarchie festgeschrieben und definiert werden. Diese Fixierung beruht – wie jede Strukturbildung in einer Institution – auf Abwehrprozessen bei allen Beteiligten. Andererseits aber soll er *als Lehranalytiker* dadurch wirksam werden, daß er in seiner eigenen Wirklichkeitsauffassung unbewußte Phantasien wahrnimmt; dazu gehört auch, daß er seine eigene Beteiligung und die Voraussetzung der gemeinsamen Arbeit in Frage stellen kann. So ist die gegenwärtige Situation ein Kompromiß zwischen zwei gegensätzlichen Interessen: dem Interesse der Institution nach Kontrolle seiner Amtsinhaber und dem Interesse der Lehranalytiker und Dozenten nach Hingabe an die unbewußte Phantasie im psychoanalytischen Prozeß.

Allgemein kann wohl gelten: Je mehr ein psychoanalytisches Institut seine Lehranalytiker einbindet, sie mit Aufgaben versorgt und ihnen Ziele vorgibt, desto geringer wird ihr Spielraum in der psychoanalytischen Erfahrung mit ihren Analysanden.

5. Ausblick

Wäre es möglich gewesen, die Professionalisierung des Psychoanalytiker-Berufes, die zu der Berufsethik in Widerspruch getreten ist, abzuwenden? Hätten Psychoanalytiker darauf verzichten können, jene gesellschaftliche Anerkennung und materielle Honorierung in Anspruch zu nehmen, die die Verberuflichung versprach? Wohl kaum. So sehr die Psychoanalyse der Gesellschaft »negativ« (Jacoby 1975) gegenüberstand, so wenig konnte sie auf Dauer im Widerspruch zu ihr bleiben. Gerade weil sie recht hatte in ihrer Kritik an der sozialen Realität, gewann sie Einfluß und Anerkennung. Aber damit verlor sie ihren »exzentrischen« Standpunkt jenseits der gesellschaftlichen Wirklichkeit. Die Kultur, deren Stachel sie einmal war, hat sie integriert und neutralisiert.[3]
Zumindest auf dieser Ebene, auf der eines weitreichenden Anspruchs, eine Methode zur Dekonstruktion und Heilung gesellschaftlich vermittelter individueller Pathologie zu sein, scheint die Psychoanalyse ihren eigenen Zielsetzungen zum Opfer zu fallen. Vielleicht aber mündet diese Dialektik in einen neuen, fruchtbaren Widerspruch: Möglicherweise liegt schon in der Hingabe an die gesellschaftliche Anerkennung und Kontrolle eine Wendung zu neuer Unabhängigkeit: Einbindung in Psychotherapeutengesetz und Facharzt-Regelungen werden – soweit das heute übersehen werden kann – den Berufsstand des Psychoanalytikers auch als Berufsbezeichnung verschwinden lassen. Es wird – nach den Ärzten mit Zusatztitel »Psychoanalyse« – nur noch Fachärzte (z. B. für psychotherapeutische Medizin) und psychologische Psychotherapeuten geben. Vielleicht erwachsen ja hieraus ganz neue Bewegungen, bilden sich Gruppen von Psychoanalytikern, die ihre Wissenschaft und Methode Interessierten außerhalb des Versorgungssystems und jenseits der professionalisierten Weiterbildun-

3 Um es sehr polemisch auszudrücken: Aus dem Stachel wurde eine Art Mitesser.

gen zum Lernen und für den persönlichen Austausch anbieten. Dann könnte es sich in der Zukunft als günstig erweisen, wenn es in der Gegenwart keinen gibt, der die Bezeichnung »Psychoanalytiker« für sich beanspruchen kann.

Literatur

Beland, H. (1983), »Was ist und wozu entsteht psychoanalytische Identität?«, in: *Jahrbuch der Psychoanalyse* 15, S. 36-67.

Bleger, J. (1968), »Die Psychoanalyse des psychoanalytischen Rahmens«, in: *Forum Psychoanalyse* 9, S. 268-280.

Cremerius, J. (1986), »Psychoanalytische Bewegung und Psychoanalyse als Institution«, in: *Psyche* 40, S. 1063-1091.

– (1992), »Der DPV-Analytiker als Teilnehmer an der Kassenregelung«, in: *Forum Psychoanalyse* 8, S. 63-76.

Daser, E. (1991), »Der Integrationsbegriff in der Psychoanalyse«, in: *Forum Psychoanalyse* 7, S. 98-110.

Deserno, H. (1990), *Die Analyse und das Arbeitsbündnis*. München/Wien.

Dewe, B. und H.-U. Otto (1987), »Professionalisierung«, in: H. Eyferth, H. U. Otto und H. Thiersch (Hg.), *Handbuch zur Sozialarbeit/Sozialpädagogik*, Neuwied und Darmstadt, S. 775-811.

Ermann, M. (1992), »Die sogenannte Realbeziehung«, in: *Forum Psychoanalyse* 8, S. 281-294.

Faimberg, H. (1987), »Die Ineinanderrückung (Telescoping) der Generationen. Zur Genealogie gewisser Identifizierungen«, in: *Jahrbuch der Psychoanalyse* 20, S. 114-142.

Freud, S. (1895), *Studien über Hysterie*, in: *Gesammelte Werke* (GW), Bd. 1, S. 75-312.

– (1915), »Bemerkungen über die Übertragungsliebe«, in: *GW*, Bd. 10, S. 306-321.

Jacoby, R. (1975), »Negative Psychoanalyse und Marxismus«, in: *Psyche* 29, S. 961-990.

Körner, J. (1989), »Kritik der ›therapeutischen Ich-Spaltung‹«, in: *Psyche* 43, S. 385-396.

– (1990), »Die Bedeutung kasuistischer Darstellungen in der Psychoanalyse«, in: G. Jüttemann (Hg.), *Komparative Kasuistik*, Heidelberg, S. 93-103.

– (1990), »Übertragung und Gegenübertragung, eine Einheit im Widerspruch«, in: *Forum Psychoanalyse* 6, S. 87-104.

Kutter, P., R. Páramo-Ortega und P. Zagermann (Hg.) (1988), *Die psychoanalytische Haltung. Auf der Suche nach dem Selbstbild der Psychoanalyse*, München/Wien.

Mertens, W. (1992), *Kompendium psychoanalytischer Grundbegriffe*, München.

Meyer, A. E. (1994), »Nieder mit der Novelle als Psychoanalysedarstellung – Hoch lebe die Interaktionsgeschichte«, in: *Zeitschrift für Psychosomatische Medizin und Psychoanalyse* 40, S. 77-98.

Niemeyer, Ch. (1990), »Zum Verhältnis von Berufsethik und Adressatenethik in der Sozialpädagogik – unter besonderer Berücksichtigung des Beitrages von Hermann Nohl«, in: B. Müller und H. Thiersch (Hg.), *Gerechtigkeit und Selbstverwirklichung. Moralprobleme im sozialpädagogischen Handeln*, Freiburg, S. 85-121.

Raguse, K. (1992), »Psychoanalytische Situation und Abstinenz. Reflexionen zu Fiktion und Realität in der Analyse«, unveröffentlichtes Vortragsmanuskript.

Sandler, A.-M. (1988), »Comments on therapeutic and countertherapeutic factors in psychoanalytic technique, in: *Bulletin of the Anna Freud Centre* 11, S. 3-13.

Sandler, J. (1976), »Gegenübertragung und die Bereitschaft zur Rollenübernahme«, in: *Psyche*, 30, S. 297-305.

Schwendenwein, W. (1990), »Profession – Professionalisierung – professionelles Handeln«, in: L. M. Alisch, J. Baumert und K. Beck (Hg.), *Professionswissen und Professionalisierung. Braunschweiger Studien zur Sozialarbeitswissenschaft* 28, S. 359-381.

Spence, D. P. (1982), »Narrative truth and theoretical truth«, in: *Psychoanalytic Quarterly* 51, S. 43-69.

Terhart, E. (1990), »Professionen in Organisationen: Institutionelle Bedingungen der Entwicklung von Professionswissen«, in: L. M. Alisch, J. Baumert und K. Beck (Hg.), *Professionswissen und Professionalisierung. Braunschweiger Studien zur Sozialarbeitswissenschaft* 28, S. 151-170.

Thomä, H. und H. Kächele (1985), *Lehrbuch der psychoanalytischen Therapie*, Bd. 1, Berlin/Heidelberg/New York.

Titze, H. (1989), »Professionalisierung«, in: D. Lenzen (Hg.), *Pädagogische Grundbegriffe*, Bd. 2, Reinbek, S. 1270-1272.

Helmut Reiff
Der verblassende Reiz
der Psychoanalyse

»Die Erde ist rund: Man kann immer weiter nach
links gehen. Durch ständiges Verfolgen der extrem-
sten, provozierendsten, innovativsten Idee macht
man die Runde und findet sich auf der extremen
Rechten wieder.«
Umberto Eco

Zeit und Zukunft

Wir alle haben unsere unbewußten Konzepte von Realität, Konzepte, die auch unser Bild von der Zukunft beeinflussen. Zum
Beispiel schreibt Novottny (1992, S. 51) in ihrem Essay *Eigenzeit*:
»die linear vorgezeichnete Zukunft rückt bedrohlich nahe an die
Gegenwart heran«. Es lohnt sich, diese neuerdings häufig geäußerte Ansicht näher zu betrachten, denn die Konfrontation einer
linearen, unendlichen Zeit der Zukunft mit der endlichen Zeit der
Gegenwart führt genau zu der Art von Paradoxie, mit der schon
Zenon verblüffte. Denn an welcher Stelle geht das Endliche der
Gegenwart in die Unendlichkeit der Zukunft über? Einen Ausweg aus dieser logischen Falle bietet nur das Kreisbild, das sowohl
»endlich« wie »unendlich« in sich aufhebt. Offenbar befinden wir
uns an einer Nahtstelle, an der die Perspektive des unendlichen,
linearen Fortschreitens zusammenbricht und wir ängstlich auf
den Abgrund eines Weltuntergangs starren, oder auf dem Weg
zurück schon überholt und vergangen geglaubten Schrecken und
Befriedigungen wiederbegegnen. Aber auch wenn wir weiter vor-
angehen und die Runde machen, werden wir die anderen wieder
treffen, die zurückgeblieben sind.
Ich will die folgende Untersuchung unter diesem Aspekt des
Kreislaufs anstellen, in dem die Vergangenheit keine Sicherheit
und die Zukunft die Wiederkehr der Vergangenheit verspricht.
Übrigens entwickeln wir ja aus der ersten körperlichen Kreisbe-

wegung, einer Bewegung, die sich schließt, indem sie zu ihrem Ausgangspunkt zurückkehrt, auch das erste Bild überhaupt. Hier ist der Beginn eines Raumkonzeptes, wie uns Piaget (1950) gezeigt hat. Diese Erfahrung einer Gestalt bringt die erste Ordnung in die Welt, eine Ordnung, die uns das Wiederfinden der Dinge und damit die Identifizierung erlaubt. Der »praktische«, aus unserer eigenen Bewegung geborene Raum erlaubt dann im nächsten Schritt, in der jetzt möglichen Erfahrung des Wechsels von An- und Abwesenheit, die erste Zeiterfahrung, Voraussetzung für das, was wir Identität nennen. So wie die Physiker eine einheitliche Raum-Zeit konzipieren, so arbeiten wir im Bereich der Psychologie auch nicht mit apriorischen Kategorien von Zeit und Raum. Zeit und Raum stehen vielmehr jeweils für bestimmte Erfahrungen und Argumente. Sie sind als Metaphern anzusehen, ähnlich wie in der Dialektik von Wunsch und Realität, Fühlen und Denken, Primär- und Sekundärvorgang.

Der Wunsch des Analytikers und der Traum der witzigen Metzgersfrau

Die Untersuchung des Traums mit Hilfe des Primärvorgangs zeichnet die Psychoanalyse aus. Nach Freud übernimmt der Primärvorgang die Rolle eines Schibboleth (1932, S. 5), das entscheidet, ob man sich unter seine Anhänger zählen darf oder nicht.
Wir beginnen deshalb mit einer Probe aus der *Traumdeutung* Freuds, dem Traum einer »witzigen« Hysterika (1900, S. 152 ff.).

Der Traumtext: »Ich will ein Souper geben, habe aber nichts vorrätig als etwas geräucherten Lachs. Ich denke daran, einkaufen zu gehen, erinnere mich aber, daß es Sonntag Nachmittag ist, wo alle Läden gesperrt sind. Ich will nun einigen Lieferanten telephonieren, aber das Telefon ist gestört. So muß ich auf den Wunsch, ein Souper zu geben, verzichten.«

Freud berichtet den Traum im Kapitel über die Traumentstellung im Zusammenhang mit seinen »psychologischen Aufklärungen« (S. 151), denen seine Patienten »eine unerbittliche Kritik« und »Widerspruch« entgegensetzten.
Schon bevor wir uns auf den Traum einlassen, erfahren wir also von dem Widerspruch der Patientin gegen den Wunsch des Analytikers, die Wunscherfüllung im Traum zu beweisen. Geht es im

Traum um ein bloßes Rechthaben? In der Übertragung erwarten wir einen ganz anderen, aber verbotenen Wunsch. Dessen Versagung würde die aggressive Wendung erklären. Auch hätte der Streit ums Rechthaben ihr sicher nicht den Schlaf geraubt und den Aufwand der Traumproduktion erzwungen. Ihr Traum muß beides leisten, die vordergründige Auseinandersetzung mit dem Analytiker wie die Erfüllung ihres Wunsches.

Der manifeste Traumtext ist kurz und prägnant. Dreimal nimmt die Patientin Anlauf, um ihren Wunsch zu erfüllen: »Ich will, ich denke daran, ich will«, und jedesmal scheitert sie an den Realitäten. Zu Hause ist nur ein Rest Lachs, alle Läden sind geschlossen, das Telefon gestört. Die Resignation ist der Schlußpunkt ihres kurzen, heftigen Kampfes: »Ich muß verzichten.«

Übertragen auf die Beziehung mit Freud will sie das Souper, damit sich selbst geben, aber die erotischen Zutaten fehlen. Zuhause sind nur noch konservierte Reste eines Lachses – die Lust ist hier offenbar weitgehend aufgebraucht. Sich selbst zu besorgen, was ihr fehlt, ist ihr versperrt. Damit hätte sie früher beginnen müssen. Es ist jetzt schon Sonntag nachmittag, also kaum noch Zeit bis zu dem endgültigen Scheitern ihres Wunsches. Sie setzt ihre ganze Hoffnung auf die Lieferanten, also Freud, aber die Kommunikation mit ihm ist gestört.

Die Wunscherfüllung im Traum

Wenn Freud ihr eine Wunscherfüllung im Traum unterstellt, dann ist das für ihren Traum von der Wunscherfüllung durch ihn wie eine Abweisung: sie könne es sich selbst besorgen. Zwar denkt sie an diese Möglichkeit, aber »alle Läden sind gesperrt«. Sie bleibt zu wie er auch. Sie wäre auf ihn, seine Lieferung angewiesen. Trotzdem hat Freud recht mit seinen »psychologischen Aufklärungen«, denn in den Mechanismen des Primärvorgangs ist die Wunscherfüllung nicht nur auf den Traum, sondern umgekehrt auch der Traum auf die Wunscherfüllung zu beziehen. Ursache und Wirkung sind umkehrbar. Auch die Qualität der Empfindung ist im Primärvorgang austauschbar, es geht lediglich um die Quantität. Der Traum handelt von einem heftigen Wunsch, der sie in der Ruhe des Sonntag nachmittag überfällt. Als Hüter ihres Schlafs erfüllt der Traum diesen Wunsch dadurch, daß Wunsch und

Wunscherfüllung im Primärvorgang zusammenfallen. Aus der Sicht des Sekundärvorgangs muß der Traum dazu formal und inhaltlich umgekehrt werden. Er lautet dann: »Mein Wunsch, von Freud genommen zu werden, geht in Erfüllung. Unsere Verbindung ist ungestört. Wir haben viel Zeit und sind beide ganz offen. Ich habe seinen großen Phallus ganz für mich alleine.«

Ökonomisch gesehen muß die Verneinung den Hauptbetrag der Triebenergie mittels Affektverwandlung binden, da die Verdrängung in den Metaphern »Souper«, »Lachs«, »Laden«, »Lieferant«, »Telefon« hierzu offenbar nicht ausreicht.

Die Assoziationen und die Ebene der Metonymie

Lacan hat das Stilmittel der Metonymie (die Übertragung des Namens eines Gegenstands auf einen anderen dadurch, daß die beiden Gegenstände sich in irgendeiner Weise inhaltlich berühren, z. B. in dem Ausdruck: »die Krone von England«, in dem die Krone metonymisch für das Königshaus steht, letzteres wiederum metonymisch für die entsprechende Herrschaftsform steht) für die Psychoanalyse nutzbar gemacht, indem er Saussures Theorie der diachronen und synchronen Sprachachsen auf das Unbewußte anwendete. Der metaphorischen, synchronen Verdichtung ordnete er die metonymische, diachrone Verschiebung zu. Auch wenn er dadurch den Verhältnissen nicht ganz gerecht wird (vgl. Holenstein 1975, S. 154), trägt diese Unterscheidung zur Systematisierung des Unbewußten erheblich bei. Sie berührt sich im übrigen mit der Interaktionstheorie der Metapher von Black, auf die wir unten noch zu sprechen kommen werden.

Die Assoziationen von Freuds Patientin fassen wir demnach als Ausdruck einer metonymischen Verschiebung des Trauminhalts auf, Voraussetzung für deren metaphorischen Gehalt. Sie berichtet als erstes über ihren Mann, einen »biederen und tüchtigen Großfleischhauer«, der am Tag zuvor geäußert habe, daß er »eine Entfettungskur beginnen« und dazu »vor allem keine Einladungen zu Soupers mehr annehmen« wolle. Ihr Mann mache sich Sorgen wegen seines Übergewichts und seiner Unbeweglichkeit und wolle sich deshalb von den verführerischen Genüssen in Gesellschaften fernhalten. Sie knüpft also ihren Traum metonymisch an die Abstinenz ihres Mannes und die Reste seines Lachses (der Lachs als Metapher seines reduzierten Zustands). Wenn er fett geworden ist und sich verweigert, dann muß auch sie verzichten. Widerstrebend identifiziert sie sich im Traum mit seinem Verzicht. Was sind die Folgen dieser Abstinenz? Sie erzählt »lachend« von der Bekanntschaft ihres Mannes mit einem Maler, der ihn wegen seines ausdrucksvollen Kopfes »abkonterfeien« wolle. »Ihr Mann habe aber in seiner derben Manier erwidert, er bedanke sich schön und er sei ganz überzeugt, ein Stück vom Hintern eines schönen jungen Mädchens sei dem Maler lieber als sein ganzes Gesicht.«

Wie im Traum, so kommt die Metzgersfrau auch jetzt rasch zur Sache. Sie liebt wie ihr Mann eine offene Sprache und holt sich ihre Lust (ihr Lachen) wie im Traum auch hier über die Verneinung. Nur, was steckt hinter den derben Worten ihres Mannes? Lacan (1966) in seiner Diskussion dieses Traums identifiziert sich übrigens sofort mit dem Metzger und schließt aus seinen großen Worten auf die großen Taten eines »genitalen Charakters« (S. 216). Ich meine, sein Verhalten erlaubt eine andere Hypothese: Wenn wir, was der Traum nahelegt und das Verhalten des Mannes bestätigt, von seiner sexuellen Unlust oder Impotenz ausgehen, so zeigt sich in seiner Begegnung mit dem Maler eine homosexuell-anale Fixierung bzw. feminine Identifizierung. Offenbar reichen seine bisherigen aggressiven, beruflich legitimierten Reaktionsbildungen in Hinsicht auf das anale Partialobjekt (den Schinken) nicht mehr aus, die passiv-feminine Regression zu verhindern. In der Übertragung ist Freud der Maler, steht der Verzicht des Metzgers mit der Analyse seiner Frau in Zusammenhang und bieten sich beide in der Verneinung Freud als Liebesobjekt an. Der bewußte Verzicht steht also auch hier für eine unbewußte sexuelle Befriedigung, die beide sich von Freud, dem Maler, holen.

Freud hat an dieser Stelle Mühe, der Einladung seiner Patientin, die sich hier ähnlich wie im Traum anbietet, zu widerstehen. Er deutet ihren Einfall nicht, sondern hilft sich mit einem bewährten Mittel, indem er selber assoziiert und sich eine unverfängliche Identifizierung, die mit Goethe, ausborgt: »Und wenn er keinen Hintern hat, wie kann der Edle sitzen.« Der Hintern wird also wieder das neutrale Sitzfleisch. Auch Freud, der Edle, will sich nur ein Bild machen und schlägt die Einladung zum Souper aus. Seine Patientin läßt aber nicht ab von ihrem Wunsch. »Sie sei jetzt sehr verliebt in ihren Mann und necke sich mit ihm herum.« »Sie hat ihn (ihren Mann) auch gebeten, ihr keinen Kaviar zu schenken. – Was soll das heißen?« »Sie wünscht es sich nämlich schon lange, jeden Vormittag eine Kaviarsemmel essen zu können«, hat aber ihren Mann gebeten, ihr »keinen Kaviar zu schenken, damit sie ihn länger damit necken kann.« Ungeachtet der Abstinenz ihres Mannes wird man beim Metzger auch keinen Kaviar, dieses edle Lebensmittel, finden, und damit kommt die Patientin wieder auf ihren verbotenen Wunsch, den auf Freuds täglichen Kaviar auf ihrer Semmel, eine »Ausgabe«, die sie sich »nicht gönnt«. Aus der Not des ihr aufgezwungenen Verzichts macht sie nicht nur im Traum in der Verneinung eine Lust, sondern sie wendet dieses Mittel auch im Verzicht auf den Kaviar an, den sie sich in der Analyse täglich leistet und auch wieder nicht leistet.

Freud distanziert sich hier streng zum dritten Mal. Er hält ihre »Auskünfte« für »unbefriedigend«, ihre »Begründung« für »fadenscheinig«, »unzureichend« und fragt etwas ratlos: »Wozu braucht sie aber einen unerfüllten Wunsch?« »Ich dringe nach weiterem.« Die so abgewiesene Patientin bringt daraufhin »nach einer kurzen Pause«, die Freud auf die Überwindung eines Widerstandes bezieht, ihre »sehr dürre und magere« Freundin ins Spiel, die sie tags zuvor besucht hatte. Auf diese Freundin ist sie »eigentlich eifersüchtig«, »weil ihr Mann diese Frau immer so sehr lobt«. Zum Glück begehre ihr Mann aber keine dürren Frauen. Im Gespräch der beiden ging es um den Wunsch der Freundin, »etwas stärker zu werden. Sie fragte sie auch: ›Wann laden Sie uns wieder einmal ein? Man ißt immer so gut bei Ihnen.‹« Jetzt scheint Freud das Traummotiv klar: die Eifersucht auf die Freundin, die ihr die Lust auf eine Einladung zum Souper verdirbt. Der Lachs im Traum klärt sich auf als die Lieblingsspeise der Freundin, die sie sich »ebensowenig vergönnt wie meine Patientin den Kaviar«.

Die Patientin gesteht Freud dreimal ihre Liebeswünsche: mit dem Traum, der Szene mit dem Maler, dem Wunsch nach der täglichen Kaviarsemmel, und jedesmal weist er sie ab. Wie im Traum prophezeit, bleibt sein Laden gesperrt, das Telefon, die Kommunikation gestört. Die Patientin identifiziert sich jetzt mit der mageren, hungrigen Freundin, die die »Wertschätzung« des Mannes für sich verbuchen kann, Anerkennung für den Verzicht. An die Stelle des Triebgeschehens auf dem Niveau oraler, analer und phallischer Partialobjekte tritt über die Identifizierung mit dem Verzicht die Lust der Anorexie.

Freud greift die Identifizierung mit der Freundin eifrig auf und beschließt damit seine Analyse: »Sie setzt sich an die Stelle der Freundin im Traum, weil diese sich bei ihrem Mann an ihre Stelle setzt, weil sie deren Platz in der Wertschätzung ihres Mannes einnehmen möchte.«

Die gesellschaftliche Wunschproduktion

Freud unterschiebt der Patientin die harmlosere Lösung ihrer Eifersucht auf die Freundin. Das Bild vom biederen Metzger bleibt dadurch ungetrübt, die Patientin zeigt sich als treue Ehefrau, und Freud ist aus dem Spiel. Aus seinem Wunsch zu verzichten macht er den der Patientin. Wie von ihm selbst oft beschrieben, ist auch hier der Analytiker auf der Flucht vor den Wünschen einer Frau. Den Ersatz, den er ihr anbietet, verwandelt sie durch die Mittel des Primärvorgangs in Lust.

Es ist legitim, den Traum und die Assoziationen der Patientin auf den Wunsch des Analytikers zu beziehen, denn er bestimmt den Rahmen, in dem die Wunscherfüllung erfolgt. Sein Wunsch zu verzichten ist notwendig ihr Wunsch geworden, denn nur in dieser Verwandlung hat sie eine Chance auf ihre Wunscherfüllung.

Mir geht es aber nicht darum, Freuds Vorgehen zu kritisieren, sondern ich will darauf hinweisen, wie hier um Wunsch und Verbot gerungen wird. Der Wunsch findet dadurch zu einer Sprache, die ihn zwar unbefriedigt läßt und immer weiter treibt, ihn aber darin auch aufhebt. Freud interessiert sich nicht für die Enttäuschungen der Metzgersfrau, ihr narzißtisches Gleichgewicht, sondern für ihre Abwehr. Wie wir wissen, rät er zum Verzicht, plädiert dafür, das kurze Glück der Triebbefriedigung gegen die Sicherheit der Kulturarbeit einzutauschen. Der Psychoanalytiker fungiert als Anwalt des Ichs gegenüber dem Trieb bzw. seinem Negativ, dem Überich. In geduldiger Symbolisierungsarbeit wird ihnen das Kulturland sublimierter Wertschätzung abgerungen. Natürlich ist das triebneutralisierte Ich eine Fiktion. Deleuze und Guattari (1972) zeigen, wie beide, Ich und Trieb, in einem letztlich nicht mehr durchschaubaren Geflecht miteinander verwoben sind. Eine ganze Industrie ist am Werk, um – mit ihren Worten – »den Wunsch in den Mechanismus und die Produktion in den Wunsch« (S. 31) einzuführen.

Die Zweideutigkeit ihres Begriffs Wunschproduktion kreist um den sogenannt natürlichen Wunsch nach Konsum und Befriedigungen, ein Wunsch, der zugleich gesellschaftlich produziert wird. Die Unterscheidung zwischen dem Realen, Nützlichen und Unabdingbaren der Natur einerseits und dem Fiktiven, Schönen, aber auch Überflüssigen der Kultur andererseits, zwischen den ökonomischen Notwendigkeiten und den kulturellen Inszenierungen, diese Unterscheidung verflüchtigt sich.

Im gleichen Sinne weist Bourdieu (1979) nach, daß die Produktion von Kultur den Mechanismen der Produktion von Wirtschaftsgütern völlig entspricht, und weiter, daß auch Produktion und Konsum selber in funktionaler wie in struktularer Hinsicht einander homolog sind. An die Stelle einer inhaltlichen tritt eine struktuale Betrachtungsweise. Ähnlich wie Lévi-Strauss für die Ethnologie zeigte, geht es im wesentlichen jeweils darum, verläßliche Unterscheidungen zu artikulieren, und diese wiederum sind unabdingbar für jedes soziale Leben. Aus dem Nebeneffekt der Unterscheidbarkeit verschiedener Produkte für unterschiedliche Bedürfnisse wird als das eigentlich Wichtige die Produktion von Unterschieden. Das ist aber nichts anderes als die Ausbildung einer Sprache, und darin ist es unmöglich, eine natürliche Basis und einen kulturellen Überbau zu unterscheiden. Die Produktion befriedigt kein natürliches Bedürfnis mehr, sondern produziert selbst Bedürfnisse. Die Bedürfnisse befriedigen die Produktion und umgekehrt. So wird nicht nur das Wertvolle gesellschaftlich definiert, sondern auch das Notwendige und Gesunde. Über die Identifizierung mit dem gesellschaftlichen Fortschritt wird die äußere Ordnung schließlich zu einem natürlichen Bedürfnis. Die Entdeckung der Natur steht so am Ende der Kulturentwicklung. Das erwartete Bild steht zuletzt in jeder Hinsicht auf dem Kopf.

Auch die Sprache entwickelt sich so, vom Primat der künstlichen Metapher zum Vorrang des natürlichen Objekts, dem das Wort nur noch anhängt. Wunsch und Wort bilden in der Metapher noch eine Einheit. In dem Maße, in dem die Sprache realistisch wird, stirbt die Metapher. Man nennt sie zuletzt »tote« Metaphern, wenn sie nur noch für die einmal von ihr produzierte, jetzt aber selbständige, natürliche Realität stehen.

In seiner »Interaktionstheorie« der Metapher beschreibt der Linguist Black (1979) diesen Vorgang, wie der Wunsch zum Wort wird. Die Metapher besteht demnach eigentlich aus zwei Subjekten, einem primären, dem »literalen« Ding oder Substantiv, und einem sekundären, den dieses Ding kennzeichnenden Eigenschaften. Und beide Ebenen werden im Gebrauch der Metapher vertauscht. Wenn Romeo Julia für seine Sonne hält, dann aufgrund ihrer für ihn sonnengleichen Eigenschaften, die ihm das paradoxe Substantiv Sonne für Julia nahelegen. In der Metapher gelangt also etwas an die Oberfläche und bildet einen neuen Begriff, das sonst in der unbewußten metonymischen Kette der den Begriffen gemeinsamen Merkmale verborgen bleibt. Die Sprache verändert dabei die Zielrichtung ihrer Aussage, weg von der Referenzfunktion auf das Objekt und hin zum Subjekt, von außen nach innen (Romeo spricht in der Metapher eher von seinen Gefühlen als von den objektiven Eigenschaften Julias). Genauer müßte man sagen, die Unterscheidung zwischen außen und innen, zwischen Objekt und Subjekt, spielt im Modus der Metapher keine Rolle mehr, sie sind eins. Der Metaphern-Signifikant weist zwar auf ein Signifikat, aber zugleich auf seine eigene Form und damit auf sich selbst zurück – eine ganz analoge Paradoxie, wie sie Winnicott (1971) für den sogenannten Übergangsraum beschrieben hat, in dem wir eine neue Wirklichkeit schaffen, die schon da war. Wir benutzen in der metaphorischen Verdichtung eine Vertauschung der logischen Ebenen und damit eine Paradoxie, die in der Auflösung der Identitäten, der Verschmelzung unterschiedlicher Kategorien den Kern des kreativen und damit sexuellen Aktes enthält. Bourdieu (1979) schreibt ähnlich: »Wenn man genau untersuchen wollte, was in einem sich entwickelnden Geist vor sich geht, wenn er vor einer neuen Erfahrung steht, erstaunt, als erstes sexuelle Gedanken zu finden« (S. 186).

Die Analogie zum Vorgehen der Psychoanalyse liegt auf der Hand. Hier wird mit den Mitteln der Übertragung der Wunsch und die unbewußte sexuelle Verbindung hergestellt, die sich zur metaphorischen Wertschätzung bei Freuds Patientin sublimiert. Und dieser Wunsch erscheint zuletzt als ganz natürlich.

Ein Marxist wie Illich (1977) sieht in der gesellschaftlichen Wunschproduktion die Machtinteressen der Herrschenden am Werk. Am Beispiel der Medizin kommt er zu dem gut dokumentierten Befund, sie produziere ihre Kranken, um sie therapeutisch zu entmündigen und gleichzuschalten (S. 140). Nur scheint sein Appell an die freie Selbstverantwortung des mündigen Individuums vom Regen in die Traufe zu führen. Denn hierzu muß jemand die Bedingungen dieser freien Selbstentfaltung festlegen. Was daraus wird, läßt sich bei Wilhelm Reich verfolgen, der den Trieb unter dem Zeichen der befreiten Sexualität, dem »Recht auf ein glückliches Leben« (1932, S. 168), einer Diktatur unterstellte. Er lieferte die Sexualität nicht nur der Sprache aus (oder befreite sie aus ihrer Sprachlosigkeit), sondern schaffte zugleich eine Sprachregelung, in der er festsetzte, was gesunde und befreite Sexualität sei. Seine Gegengesellschaft geriet so postwendend zur Diktatur einer befreiten Sexualität.

Unter dem Aspekt von Wunsch und Befriedigung könnten wir von einem marxistischen und einem kapitalistischen Mythos sprechen. Der erste nimmt für sich in Anspruch, die Natur des Menschen und seine Wünsche zu kennen, teilt ihnen angemessene Befriedigungen zu und enthält ihnen die unangemessenen vor. Der zweite kennt seine Produkte, für die Abnehmer, also Wünsche geschaffen werden müssen.

Letztlich führt jeder Weg immer nur ein Stück weit und kehrt sich dann um, auch in der Psychoanalyse. Vom Wunsch führt er zur Sprache und von da aus wieder zurück zum Wunsch. Freud hat sich auch nicht Begriffen wie Gesundheit, Krankheit, Heilung verpflichtet gefühlt, sondern glücklicherweise den Primärvorgang zur Grundlage seiner Theorie gemacht. Nehmen wir unser Beispiel vom Anfang, so produziert Freuds Wunsch den abweisenden Traum der Patientin. Ihr Traum produziert einen dringenden Wunsch nach Befriedigung durch Freud und zugleich seine eigene Befriedigung. Ihr Mann versagt sich einen Wunsch und befriedigt damit zugleich einen anderen passiv-analen, der der seiner Frau ist. Und diese Befriedigung nutzt die Patientin wiederum, um ihren Wunsch bei Freud an den Mann zu bringen, der sich damit den seinen sublimierend erfüllt.

Die Zerstörung des Wunsches

Psychoanalyse ist ein Sprachspiel, dessen Regeln die beteiligten »Spieler« darauf verpflichten, den Wunsch im Diskurs immer wieder neu anzustoßen. Ein Spiel mit Worten, die sich in den Formen der Metonymie und Metapher unbewußt miteinander verbinden. Wir nennen diesen Vorgang auch positive Übertragung. Das Symptom, das als Konkretisierung des verbotenen Wunsches da erscheint, wo die Kette der Symbolisierung abbricht, wird durch den Analytiker in seiner Übertragungsfunktion ersetzt. Wie eine Prothese überbrückt er die zerbrochene Stelle. Ist die Identifizierung mit der geliehenen Funktion des Analytikers ausreichend stabil geworden, so braucht der Analysand sein Symptom nicht mehr. Der Behandlungsprozeß kommt aber zum Stillstand, wenn der Analytiker sich nicht mit seiner analytischen Funktion als Übertragungsfigur identifiziert, sondern den im Symptom real gewordenen Wunsch introjiziert und so den paranoiden Kreislauf der projektiven Identifizierung anstößt.

Der erste Fall soll uns hier nicht weiter beschäftigen. Der zweite aber berührt unser Thema. Dazu zunächst ein Beispiel, wenn auch aus einem anderen Bereich, dem des Militärs.

An einer Kaserne der Fremdenlegion fand ich folgenden Wahlspruch angeschrieben: »res non verba«. Worte der Herrschaft, die anscheinend ihre eigene Abschaffung befehlen, geschrieben in einer Herrschaftssprache. Zwar wird darin die Herrschaft der harten Fakten den Worten gegenübergestellt, aber trotzdem ist klar, daß umgekehrt die, die die Worte und die (lateinische) Sprache beherrschen, auch den Fakten befehlen. Und die den Befehl erhalten, führen ihn aus. Eine Aufspaltung der Realität, die aber beide Teile in Mitleidenschaft zieht. Diejenigen, die befehlen, spüren nicht »am eigenen Leibe« die Folgen ihres Befehls; diejenigen, die handeln, tragen keine Verantwortung für ihr Tun. Freud hat das Analoge als »Ichspaltung im Abwehrvorgang« (1938) beschrieben. Dem Wunsch wird so der Weg in die Sprache versperrt, und umgekehrt die Sprache vom Körper entkoppelt. Der Wunsch projiziert sich in den Körper des Hörenden und befriedigt sich durch ihn introjektiv an dem, was er in der Realität vorfindet. Sogar von der Sexualität, die per se ein identifikatorisches Moment besitzt, bleibt dann nur die Destruktion übrig, eindringend, gewaltsam, unterdrückend.

Spaltung, Projektion und Introjektion sind kein Privileg des Militärs. Sie ereignen sich überall, wo die Sprache den anderen ausschließt. Zur Sprache der »Dichter und Denker« kam die Sprache der Journalisten, Politiker, Wissenschaftler. Die Sprache wurde zum Markenartikel und beanspruchte Herrschaft. Ihr gegenüber definierte sich der Konsument als der Sprachlose. Seine Kommunikation besteht im Konsum.

Wie auch die Psychotherapie konsumierbar wird und damit dem Subjekt den Mund verschließt, demonstrierte uns der Behaviorismus. Watson (1919) hatte mit seiner Aufforderung, das Bewußtsein, also den subjektiven Faktor, »ein für allemal« aus der Psychologie zu vertreiben, das Projekt einer Psychologie als objektive Wissenschaft initiiert. Beobachtung trat an die Stelle der Interpretation, Bewußtsein wurde durch Verhalten und soziale Kontrolle ersetzt. Obwohl es nicht zu umgehen war, in der Folge das Subjekt schrittweise diesem Verhaltensapparat wieder anzufügen, blieb das Primat des Objektiven bestehen. Bandura (1979) mit seinem griffigen Motto von der »kognitiven Wende« vollbrachte sogar das Kunststück eines »kognitiven Behaviorismus«. Er vermied damit, den Behaviorismus als bloße Metapher, also als höchst subjektive Konstruktion bloßzustellen (vgl. Bruder 1993). In der Psychoanalyse gibt es übrigens einen vergleichbaren Entwicklungsstrang, indem in der Ichpsychologie Hartmanns (1964) das Ich von einem Teilgebiet des psychischen Apparats zu einem Teilgebiet der Persönlichkeit mutierte.

Mit einer lerntheoretisch derart zugerichteten Psyche lassen sich praktisch beliebige Therapieziele maßschneidern. Ich zitiere dazu aus einem Kursprogramm für Weiterbildung in Verhaltenstherapie: »Diese Verfahren zielen auf eine Verbesserung von Selbstwahrnehmung, Gefühlsausdruck, wechselseitigem Verstehen, Steigerung der Konfliktfähigkeit und die Entwicklung von neuen, befriedigenderen Möglichkeiten des Zusammenlebens ab« (TAVT, S. 16).

Sprachlosigkeit in der Psychoanalyse

Die Psychoanalyse war gegenüber dem Behaviorismus immer in dem Vorteil, als Theorie des Primärvorgangs zugleich eine Theorie der Sprache und damit des Subjekts zu sein. Aber diese Sprache ist auf eine paradoxe Art in die Klemme geraten. Aufgrund ihres Anspruchs, das Unbewußte auszusprechen, konnte sie eigentlich nie hoffen, im gesellschaftlichen Diskurs mehr als geduldet zu werden. Dessen ungeachtet klagen Psychoanalytiker neuerdings wieder heftig darüber, daß sie nicht verstanden werden, zum Beispiel in der momentanen Diskussion um die Frage der notwendigen Stundenfrequenz.

So schreibt Gemma Jappe im Zusammenhang mit den Erfahrungen, die sie in den von ihr abgehaltenen Studienseminaren über die Rolle der Frequenz machte (1992, S. 17) über die »zunehmende Resignation in unserer Vereinigung im gleichen Zeitraum, wie die Verbreitung der 3-Stunden-Analyse bei unseren Mitgliedern Platz gegriffen hat«. »Sollte, so muß man sich doch fragen, der Rückgang und schließlich die zum Teil wütende Bekämpfung der Analyse im klassischen Setting mit dem Bestreben zu tun haben, doch ja im Unbewußten zu lassen (die faschistische Vergangenheit), was dort in unerbittlicher Zeitlosigkeit gräßlich weiterlebt?« »Zwar stößt die ›orthodoxe‹ Psychoanalyse überall auf Schwierigkeiten, ihr systematischer Ausschluß aus dem Therapiekatalog wird aber nirgends mit solch bürokratisch-juristischer Perfektion betrieben wie gerade in Deutschland.«

Jappe reklamiert vielleicht zu Recht, daß im Unbewußten der Deutschen die faschistische Vergangenheit überlebt hat, denn das »Bestreben«, »im Unbewußten zu lassen . . ., was dort in unerbittlicher Zeitlosigkeit gräßlich weiterlebt«, gehört nicht nur in den psychoanalytischen Vorstellungen zur menschlichen Natur. Es mag auch sein, daß es einige Jahrzehnte gelungen ist, diesen Drachen (wenn auch nicht unbedingt nur mit Hilfe der 4-Stunden-Analyse) niederzuhalten, und daß er jetzt wieder sein Haupt hebt. Die Enkel von Auschwitz sind mit »bürokratisch-juristischer Perfektion« am Werke. Demnach wäre der »systematische Ausschluß« der 4-Stunden-Analyse »aus dem Therapiekatalog« nichts anderes als Antisemitismus.

Im weiteren fühlt sich Jappe durch die gesellschaftlichen Angriffe auf die Bedingungen psychoanalytischer Behandlungen traumatisiert. Bis dahin, bis zu der persönlichen Betroffenheit, der Identifizierung mit dem Trauma, kann ich ihre Argumentation verstehen. Problematisch wird es aber, wenn sie als Betroffene zugleich einen deutenden Standpunkt einnimmt, denn das hätte eine gewisse Abstinenz zur Voraussetzung, eine Abstinenz, die ihr hier wohl fehlt.

Was zunächst wie ein erbitterter Kampf gegen reaktionäre gesellschaftliche Tendenzen wirkt, stellt sich aus anderer Perspektive im übrigen als hausgemacht dar. Denn wie die empirischen Untersuchungen der letzten Jahre belegen, sind wir Analytiker selbst dabei, die vierstündige Analyse abzuschaffen. Die Gründe dafür sind bekannt. Niederfrequente Therapie ist gefragter, sozial verträglicher, lukrativer. Cremerius (1993) hat außerdem gezeigt, wie der Kampf für die vierte Stunde diese erst recht ins Abseits führte, die »Therapie« sich als die Krankheit herausstellte, die sie bekämpfen sollte.

Deshalb ist auch abseits von den äußeren Gefahren und Kämpfen nach unserer Stellung zu Freud zu fragen. In unserem Traumbeispiel sahen wir ihn mit der Funktion der Abstinenz identifiziert. Wie steht es heute mit der Abstinenz?

Auch hier hilft uns am ehesten ein Blick auf die Sprache. Wir haben skizziert, wie im Prozeß des gesellschaftlichen Wandels ständig Metaphern absterben und zur Dienstmagd der äußeren Realität werden, einer Realität, die uns dadurch immer natürlicher erscheint. Wünsche werden durch den Fortschritt realisiert. Dabei bleiben aber unvermeidlich die Wünsche auf der Strecke. Mit der Psychoanalyse könnte es ähnlich gekommen sein. Im Laufe der Jahrzehnte hat sich ein Fundus an Wissen herausgebildet, der Sekundärvorgang, und sich dem Denken im Primärvorgang zugesellt. Zunächst metaphorische Begriffe wie Neurose und Narzißmus, Abwehr, Verdrängung, Unbewußtes verloren ihre metaphorische Qualität und wurden zur natürlichen Realität unseres Alltags. Die Psyche ist kartografiert, ihre Entwicklung, ihre »bio-psycho-sozialen« Zusammenhänge entschlüsselt. Ein selbstverständlicher Konkretismus des Faktenwissens hat sich breitgemacht in Diagnostik, therapeutischer Technik bis hin zu wissenschaftlichen Großprojekten. Mit jedem Stück gesellschaftlicher Anerkennung schwindet aber ein Stück des Primärvorgangs. Dafür sorgen auch die Anleihen bei der akademischen Psychologie wie die Kompromisse mit der Medizin im Rahmen von Psychosomatik und Psychiatrie. Mit mindestens dem gleichen Recht, mit dem auf die äußeren Gefahren hingewiesen wird, durch die die Psychoanalyse Schaden nehme, kann also auf die Gefahren hingewiesen werden, die durch die gesellschaftliche Anerkennung erfolgen und die sie innerlich aushöhlen.

Damit sind wir im Kreislauf des Fortschritts auf der Rückseite des Kreises angelangt, der Rückseite, von der aus sich die ursprünglichen Phänomene nur noch in der Umkehrung als solche erkennen lassen. Der Primärvorgang ist den Zielen des Sekundärvorgangs unterstellt. An die Stelle von Trieb und Abwehr sind Trauma und Wiedergutmachung getreten. Der Wunsch wird nicht mehr arti-

kuliert, sondern befriedigt. Man könnte sogar behaupten, in dem
Maße, in dem die Psychoanalyse durch ihren Konkretismus in
Theorie und Praxis ihren Reiz verliert, entdeckt die Verhaltensthe-
rapie die Metapher und wird damit kreativ.

Nachwort:
Der Primärvorgang und die Philosophie des Parmenides

Es gibt im Primärvorgang weder die diachrone Ordnung der Zeit
noch einen euklidischen Raum. Ein Ding kann auch für sein Gegenteil oder für ein Drittes stehen, ihm einfach benachbart. Form
und Inhalt, Teil und Ganzes sind identisch. Was da ist, hat weder
Anfang noch Ende.
So wie sich der Sekundärvorgang in einer äußeren Wirklichkeit
von Zeit und Raum bewährt, so folgt der Primärvorgang mit Verdichtung und Verschiebung den Regeln der Sprache. Seine Logik
ist eine Grammatik und ist uns so selbstverständlich wie fremd
zugleich. Deshalb bleibt uns unser Denken unbewußt. Wir können nicht sagen, woher unsere Gedanken stammen, wie sie sich
formen. Wir klammern uns an den Sekundärvorgang, in dem wir
uns und die anderen über die Konstruktion von Identität in Raum
und Zeit wiedererkennen. Der Sekundärvorgang suggeriert uns
eine Identität im Sinne von A = A, der Primärvorgang entlarvt
diese Identität als einen bloßen Blickwinkel (Bourdieu 1978).
Ähnlich wie im Primärvorgang band schon Parmenides das Denken strikt an das Sein und verurteilte die, die außer dem Seienden
ein Nichtseiendes annehmen, was ja überhaupt nicht gedacht werden könne und dürfe, und die »dadurch, daß sie ein Seiendes und
ein Nichtseiendes in ihrem Denken miteinander vermischen, unweigerlich in unentwirrbaren Trug und Wahn« (Capelle 1968,
S. 161) geraten. Im Denken des Parmenides ist das Sein nicht teil-
bar. Es hat keinen Anfang und kein Ende, kein Werden und kein
Vergehen, keine Bewegung. Denken und des Gedankens Gegenstand sind dasselbe. Sein Denken bricht mit dem uns vertrauten
Bild der Welt, mutet uns ein Denken zu ohne sicheren Standpunkt, ohne Identität, ohne das feste Gleichmaß der Zeit.
Man verweise nicht vorschnell auf die fehlende logische Unterscheidung von Zeit und Raum, denn die Widerlegung durch den
Sekundärvorgang schafft logisch so viele Probleme, wie sie löst,

wie sein Schüler Zenon in seinen berühmten Paradoxien demonstrierte. Wie kann man einen unendlichen Raum in endliche Teile teilen? Wie kann sich etwas bewegen und sich zugleich an einem bestimmten Ort aufhalten? Wie kann man das Nichts denken? Auch die moderne Physik befreundet sich offenbar eher mit Parmenides als mit Aristoteles.

Andererseits konstruieren wir bzw. das Ich in der Logik des Sekundärvorgangs mit den Begriffen der Identität und Verneinung eine Wirklichkeit, die sich doch offenbar bewährt, mit der wir verläßlich planen und handeln können. Darin haben die Dinge, die die Welt ausmachen, ihren Ort und ihre Dauer. Dennoch unterstellt dieses Denken nicht die Wahrheit von Zeit und Raum, sondern umgekehrt sind es die Kategorien von Zeit und Raum, die den Begriff der Wahrheit unterstellen. Wir müssen also unser Argument umkehren. Nicht daß die erfahrbare Realität dieses Denken als wahr erweist, ist entscheidend, sondern daß sie selbst die Wahrheit produziert, daß der Begriff der Wahrheit nur in den Kategorien Sinn macht, die diese Philosophie aufgestellt hat.

Im Primärvorgang gibt es keine Wahrheit, auch nicht die des Wunsches. Aber nur in ihm können wir den Wunsch denken als die Differenz, die das Leben ausmacht. Hoffen wir, daß uns auch in der Psychoanalyse diese Differenz erhalten bleibt.

Literatur

Bachelard, G. (1971), *Epistemologie*, Frankfurt/Berlin/Wien 1974.

Bandura, A. (1979), *Sozial-kognitive Lerntheorie*, Stuttgart.

Black, M. (1979), »More about Metaphor«, in: Ortony (Hg.), *Metaphor and Thought*, Cambridge.

Bourdieu, P. (1979), *Die feinen Unterschiede*, Frankfurt am Main 1982.

Capelle, W. (1968), *Die Vorsokratiker*, Stuttgart.

Bruder, K. (1993), *Subjektivität und Postmoderne*, Frankfurt am Main.

Cremerius, J. (1993), in: DPV-Info Nr. 13, S. 7-10.

Deleuze, G. und F. Guattari (1972), *Anti-Ödipus*, Frankfurt am Main 1974.

Diels, H. (1963), *Die Fragmente der Vorsokratiker*, Hamburg.

Freud, S. (1900), *Die Traumdeutung*, in: *Gesammelte Werke (GW* II/III), Frankfurt am Main 1976.

– (1932), *Neue Folge der Vorlesungen zur Einführung in die Psychoanalyse, GW* xv, Frankfurt am Main 1976.

– (1938), »Die Ichspaltung im Abwehrvorgang«, in: *GW* XVI, Frankfurt am Main 1976.

Hartmann, H. (1964), *Ich-Psychologie*, Stuttgart 1972.

Holenstein, E. (1975), *Roman Jakobsons phänomenologischer Strukturalismus*, Frankfurt am Main.

Illich, I. (1976), *Die Nemesis der Medizin*, Hamburg 1981.

Jappe, G. (1992), in: *DPV-Info* Nr. 12, S. 15-17.

Lacan, J. (1966), *Schriften* 1, Olten und Freiburg i. B. 1972.

Novottny, H. (1992), *Eigenzeit*, Frankfurt am Main.

Piaget, J. (1950), *Der Aufbau der Wirklichkeit beim Kinde*, Stuttgart 1974.

Reich, W. (1932), *Der Einbruch der sexuellen Zwangsmoral*, Köln 1972.

Tübinger Akademie für Verhaltenstherapie (TAVT) (1994), *Fort- und Weiterbildung in Verhaltenstherapie*, Tübingen.

Watson, J. B. (1930), *Behaviorismus*, Köln 1968.

Winnicott, D. W. (1971), *Vom Spiel zur Kreativität*, Stuttgart.

Michael Wirsching
Psychotherapie im Umbruch
Der ökologische Wandel
auf dem Wege in eine andere Moderne

Vorbemerkung – These

»Psychotherapie im Umbruch« ist ein mehrdeutiges Thema. Neben den Veränderungen der Psychotherapie selbst denken wir an persönliche und gesellschaftliche Krisen, in denen die Behandlung zum Tragen kommen soll. Beginnen wir mit dem Nächstliegenden: Wann gehen Menschen zum Psychotherapeuten? In der Regel erst, wenn ihre Lebenssituation ausweglos scheint. Wenn Fragen und Konflikte als unüberschaubar und unüberwindbar erlebt werden, suchen wir Hilfe von außen. Dies geschieht um so eher, wenn bereits Symptome entstanden sind. Solche können Ausdruck überfordernder Belastung sein: Bedrücktheit, Schlafstörungen, erhöhte Krankheitsanfälligkeit, um nur die allerhäufigsten und damit unspezifischsten zu nennen. Andere sind bereits Ausdruck mißlungener Selbstheilungsversuche, Folgen fehlgelaufener Konfliktlösung: Angstvermeidung durch Phobien, welche die normale Lebensführung beeinträchtigen; Zwangsrituale, die dem Leben enge Fesseln anlegen; anorektischer Hungerstreik oder Freßsucht. Immer gilt: Die Symptome schaffen Leiden und sollen doch Schlimmeres erträglich machen. Andere Menschen sind regelmäßig beteiligt, wir sprechen sogar von einem Problemsystem. Dazu gehören der Patient, die Familie, die »Helfer« und wer sonst noch hineindrängt oder hineingehören mag oder hineingezogen wird. Die systemeigenen Lösungsversuche sind uns allen vertraut. Sie können gute Ratschläge, den Gang zum Hausarzt, tage- oder nächtelange Diskussionen und vieles andere mehr beinhalten. Die Beteiligung eines oder gleich mehrerer Therapeuten ist eine relativ neue, aber wachsende Bedeutung gewinnende Variante der Lösung psychosozialer Konflikte.

Menschen, Familien oder ganze Systeme können also über lange Zeit und trotz größter innerer und äußerer Belastungen standhalten. Eine Voraussetzung dafür ist aber, daß das Gefühl, es ließe sich noch etwas machen, es gebe noch Auswege, also Hoffnung, bei den Beteiligten überwiegt. Andererseits sehen wir: Ist erst einmal alles in Bewegung geraten, haben sich im Chaos Hilflosigkeit und Hoffnungslosigkeit breitgemacht, genügen schon alltägliche, längst vertraute Anlässe, um Krisen auszulösen. Wir sprechen von Katastrophen, wenn quantitative (»mehr vom Gleichen«) in qualitative strukturelle Veränderungen umschlagen.

Umgangssprachlicher, weniger pathologisierend und frei von den theoretischen Prämissen der Chaostheorie ist der Begriff des Umbruchs. Psychotherapie wird also gesucht in Zeiten persönlichen, familiären oder sozialen Umbruchs. Sie versucht, die dann notwendige Selbstorganisation – mit Maturana (1985) und Luhmann (1984) Autopoiese genannt – in günstigen Bahnen zu halten. Als Teil des Systems gerät Psychotherapie selbst in Umbruch, wenn sich die Rahmenbedingungen ändern. Wenn die erkenntnistheoretischen, die methodischen oder die ökonomischen Voraussetzungen wechseln, sind Brüche in der Entwicklung unvermeidbar.

Meine die nun folgenden Überlegungen leitende These lautet: Wir erleben, wie Psychotherapie während persönlicher und allgemeiner Umbruchzeiten gesucht wird. Sie trägt so zur Entwicklung des einzelnen und der Gesellschaft bei. Sie gerät dabei aber auch selbst in Bewegungen, die katastrophal werden können, vielleicht sogar im antiken Sinn des Wortes in einer entscheidenden und endgültigen Wendung zum Schlimmen münden. Psychotherapie als Ausdruck von neuem Denken und Beitrag zu einem neuen Denken oder Psychotherapie als verspäteter Versuch, den Verfall zu stoppen, und damit ein Hindernis auf dem Weg zu einer grundlegenden Umgestaltung? So lautet die Frage.

Ich werde zur Überprüfung meiner These den Wandel des gesellschaftlichen Umfeldes, die Theorie- und Methodenkreise der Psychotherapie und die jüngsten Versuche einer professionellen Absicherung betrachten. Das Ziel ist eine kritische Bestandsaufnahme am Ausgang der Moderne.

Psychotherapie – ein schillerndes Phänomen
auf dem Weg in eine andere Moderne

Als Produkt der Aufklärung ist Psychotherapie in der romantischen Medizin des 18. Jahrhunderts verwurzelt, obwohl der Begriff erst Ende des vergangenen Jahrhunderts in England, Frankreich und Holland auftaucht (Schott 1986). Seidler (1990) wies kürzlich darauf hin, daß Psychotherapie in dieser Zeit um die Jahrhundertwende bereits einen ersten Umbruch erfuhr mit der Abkehr vom Mesmerschen Magnetismus und der Hypnose infolge der »Entdeckung des Unbewußten« als wesentlicher Determinante psychischer Symptombildungen durch Sigmund Freud (Ellenberger 1973). In einer von nun an dauernd beschleunigten Entwicklung lassen sich drei unterschiedliche Phasen erkennen, die jeweils in Entwicklungen vor allem des wissenschaftlichen Weltbildes eingebettet sind. Wie bei jedem historischen Prozeß sind die verschiedenen Abschnitte keineswegs eindeutig abgegrenzt. Vielmehr stehen Altes und Neues oft unverbunden nebeneinander, entweder auf Dauer oder bis mit einem der legendären paradigmatischen Sprünge im Sinne Kuhns (1973) ein grundlegender Wandel eintritt.

Am Anfang der uns hier beschäftigenden Entwicklung stand also ein solcher paradigmatischer Wechsel, der Abschied von der Metaphysik, der Anfang der modernen Psychotherapie. Die Annahme eines dynamischen Verdrängten, dessen unbewußte Wirkungen aufgedeckt werden sollten, um den Menschen ein besseres Verständnis ihrer Konflikte und damit bewußtere Entscheidungs- und Entwicklungsmöglichkeiten zu eröffnen – wo Es war, sollte Ich werden –, hat bis heute anhaltende Wirkungen in der Psychotherapie hinterlassen. Dieses kritische und hermeneutische Paradigma der Psychoanalyse hat den tiefenpsychologisch orientierten Schulen bis heute die volle Sympathie und Unterstützung der Fortschrittlichen erhalten und, beginnend mit den Nationalsozialisten, den verfolgenden Haß der Menschenunterdrücker und Verdummer aller Länder eingetragen. Die Psychoanalyse ist eine angesehene Weggefährtin der großen Aufklärungs- und Befreiungsbewegungen der Moderne. Zugleich sind ihr zwei Tendenzen zum Verhängnis geworden, die, von ihrem Begründer eingeleitet, die anfänglich begeisterte Entwicklung sehr förderten, dann aber Hauptursachen eines ebenso raschen Verfalls wurden. Ich meine zum ersten das von Jürgen Habermas (1973) szientistisch genannte Selbstmißverständnis der Psychoanalyse. Diese wollte nicht nur Kulturanthropologie, sondern auch anerkannte und damit den Naturwissenschaften des 19. Jahrhunderts verpflichtete Heilkunde sein. Solche Medikalisierung fand in der amerikanischen Psychiatrie vor 20 oder 30 Jahren ein klagsames Ende, mit einer raschen und gründlichen Vertreibung von den Zentren der Wissenschaft und der medizinischen Macht. Als zweites verhängnisvolles Erbe erwies sich die Mißachtung der ureigenen Prinzipien – Aufklärung und Emanzipation – bei der Gestaltung der eigenen Profession, insbesondere bei der Ausbildung des psychoanalytischen Nachwuchses, worauf vor allem Cremerius (1987), Parin (1981) und neuerdings Ortega (1991) energisch hingewiesen haben. Orthodoxie und Sektierertum, groteske Opferforderungen und materieller Eigennutz brachten auch in Deutschland einen Ansehensverlust, der bis heute die Wohlgesonnenen abstößt und die Gegner triumphieren läßt.

Der zweite Entwicklungsschritt, im Anschluß an die psychoanalytische Revolution der Jahrhundertwende, fällt in den fünfziger Jahren mit den Zeiten des gesellschaftlichen »Wiederaufbaus« zusammen. In einer Periode der Schuld- und Schadensverdrängung und des fortgesetzten Kalten Krieges begann ein Prozeß dumpfer, symmetrisch eskalierender Verclinchung der feindseligen Blöcke. Die Mehrheit war keineswegs an emanzipatorischer Aufklärung interessiert. Nicht nachdenken, selbst reflektieren, verborgene Konfliktstrukturen aufzudecken war gefragt, eher schnelles, kühles und vor allem effektives Handeln, von den Mitscherlichs (1967) auch als Unfähigkeit zu trauern erkannt. Die europäische Entwicklung folgte der allgemeinen transatlantischen Drift. Der amerikanische Behaviorismus und die schnell wachsende *clinical psychology* mit ihren *consulting* und *counseling services* meldeten sich zu Wort. Unzählige, am Laborexperiment ausgerichtete verhaltenstherapeutische Studien signalisierten Überlegenheit bei der Symptombekämpfung. Solch positive Psychotherapie wurde aktiver und wirkungsvoller. Sie folgte den allseits anerkannten Handwerksregeln der empirischen Wissenschaft.

Der jugend- und studentengetragene Protest der späten sechziger Jahre leitete einen dritten Entwicklungsabschnitt mit einer klassischen Gegenbewegung ein. Die etwas trocken, technisch und bieder gewordene etablierte Psychotherapie wurde überspült von einem Psychoboom, einer wahren Proliferation der Methoden und Moden. Schwierigkeiten bereitete die Unterscheidung wirklich befreiender Erfahrung von mit den Worten Herbert Marcuses (1965) nur repressiver Entsublimierung, also von wirklichem Aufbruch oder Spielwiese, zwischen *tichy-touchy* oder New Age schwankten die Gemüter. Mittlerweile 300 bis 400 »Behandlungsschulen« verweisen auf ein stattliches Interessen- und Entwicklungspotential.

Heute, wieder vor einer Jahrhundertwende und beim Eintritt in das nächste Jahrtausend, haben sich die Aufgeregtheiten beruhigt, die Verhältnisse sind aber nicht klarer geworden. Im Gegenteil, die Neue Unübersichtlichkeit (Habermas 1985) ist geradezu ein Zeitzeichen geworden, und Psychotherapie ist nun wirklich mittendrin im Geschehen. Kaum ein Lebensbereich, kaum eine Lebensphase oder Lebenskrise, die nicht zumindest potentiell irgendeiner Form psychosozialer Intervention zugänglich wäre. Dies ist wahrhaftig, um erneut ein Bild von Jürgen Habermas zu gebrauchen, eine fast völlige Kolonisierung der Lebenswelt oder, etwas weniger pathetisch: Psychotherapie ist alltäglich geworden.

Das Leben verlangt heute vom einzelnen wie von der Gesellschaft große Integrations- und Konfliktlösungsfähigkeiten. Es besteht die Möglichkeit, aber auch die Notwendigkeit einer eigenverantwortlichen Lebensgestaltung. Sozialwissenschaftler sprechen von Individualisierung und Informalisierung der Lebenswelten. Diese ergibt sich aus der Auflösung des gesellschaftlich verbindlichen Kanons (Hassan 1988). Dogmen und Heilslehren sind nicht mehr vorgesehen. Ob wahr oder falsch, es geht allemal um Konstruktionen, die austauschbar sind, so der in Familien- und Hypnotherapie wie Psychosomatik derzeit sehr einflußreiche Computeringenieur Heinz von Foerster (1985). Was »wirklich« ist, wird undurchschaubar in einer Zeit der perfekten mediengestützten Simulationen (Baudrillard 1988). Wir sind überall dabei und niemals beteiligt. Friedrich Dürrenmatt (1991) erinnert uns in einem kurz vor seinem Tode vollendeten Essay, daß bereits 1911 Vaihinger in seiner *Philosophie des Als-Ob* der heute brennenden Frage nachging, »wie es komme, daß wir mit bewußt falschen Vorstellungen doch Richtiges erreichen«. Unsere Theorien bestimmen unsere Beobachtungen, so Einstein – vorbereitet durch Goethes Diktum, wonach jeder Blick in die Natur bereits ein theoretisierender ist. Die Lebenswelten haben sich gewandelt. Die Phasen des familiären Zyklus sind nur noch bedingt vorhersagbar. Sequentielle Monogamie ist vorherrschend. Allein leben, mit (Ehe-)Partner, mit Kindern (vielleicht aus unterschiedlichen Beziehungen) – die Abfolge der Konstellationen variiert unendlich im Leben des einzelnen wie in der Gesellschaft (Beck und Beck-Gernsheim 1990). Nicht nur der einzelne Mensch, sondern das ganze Beziehungssystem ist gefordert. Zu starke oder zu unzuverlässige Bindungen, Zerstrittenheit oder harmonisierende Friedhofsruhe, die Risiken sind beträchtlich. Das »System« ist, wie immer in der Geschichte, ideal für tonangebende, vorherrschende Gruppen. Hier und heute kommt man dem fixen jugendlich-dynamischen, durchsetzungsfähigen und lebenslustigen Typus entgegen. Eigene und gesellschaftliche Grenzen wahrzunehmen und zu akzeptieren muß mühsam, schmerzlich und um den Preis irreversibler Zerstörung gelernt werden. Soziale Unterstützung muß gesucht und individuell begründet werden. Niemand verhungert bei uns, keiner wird wegen seiner Anschauungen offen verfolgt. Wir sind nicht unterdrückt, sondern bedrückt, so der postmoderne Philosoph Baudrillard (1989) in seinen *Cool Memories*. Auch André Glucksmann (1991) diagnostiziert eine europäische Depression. Bedrükkung, chronische Hilflosigkeit und Hoffnungslosigkeit, Mangel an subjektiv wahrgenommener sozialer Unterstützung verkürzen, wie wir seit Schmale und Engel (1967) wissen, die Lebenserwartung. Mangel an sozialer Unterstützung ist zum Beispiel ein Gesundheitsrisiko von höherem Ausmaß als das Zigarettenrauchen, so die 1988 in *Science* erschienene Übersicht des amerikanischen Medizinsoziologen House. Die Art unserer psychischen und körperlichen Leiden ist in wesentlichem Umfang durch Erbanlagen, virale Infektionen, Umweltbelastungen und Lebensstile bestimmt. Ob aber und zu welchem Zeitpunkt wir erkranken und welchen Verlauf das Leiden nimmt, wird durch psychische, familiäre und soziale Faktoren entschieden. Krankheiten sind nicht schicksalshaft zufällig über die Bevölkerung verteilt, sondern an den sozialen, familiären und lebensgeschichtlichen Brennpunkten entwickeln sich negative Zirkel. Die krankheitsfördernden Lebensbedingungen, zum Beispiel chronische Hilflosigkeit und Hoffnungslosigkeit, erweisen sich auch als hinderlich bei der Bewältigung von Krankheiten, und unbewältigte Leiden werden zusätzliche Belastungen für den Patienten wie für die Familie. Dem wird in geradezu verzweifelter Weise durch Einsetzen immer der gleichen, für eine grundlegende Lösung untauglichen, kurzfristige Erleichterung verschaffenden Lösungsstrategien begegnet. Dies muß weiter ausgeführt werden: In einer Gesellschaft, die wie unsere so stark in Umbruch geraten ist, wird der Erhalt der Identität im Chaos eine lebenslange Aufgabe für jeden Menschen. Wenn bereits in frühester Kindheit die Entwicklung grundlegender vertrauensstiftender psychischer Strukturen auf Dauer behindert wird, wenn die Fähigkeit zum konfliktklärenden und konfliktlösenden Umgang nicht vorgesehen ist und wenn den hochdifferenzierten Kulturanforderungen mit primitiven Simulationsstrategien (»so tun, als ob«) begegnet wird, dann sind Störungen des Erlebens und Verhaltens unausweichlich. Wenn kaum besprochen, gefühlt, überwunden wird, gewinnen auch alltägliche unvermeidbare Anforderungen Bedrohungscharakter für die brüchige Identität. Die Übernahme auswechselbarer Stereotype, die Anpassung an tatsächliche oder vermeintliche äußere Erwartungen schafft kurzfristige innere Ruhe, führt mittelfristig aber nicht weiter. So erklärt sich der riesige Umfang neurotischer und psychosomatischer Störungen, der mit Abstand häufigsten Leiden unserer Gesellschaft (Schepank u. a. 1987).

In dieser Not ist die Medizin zu einem beherrschenden Bereich geworden. In ihrer einseitig naturwissenschaftlichen Auslegung ist sie jedoch heillos überfordert, der Fülle der Aufgaben und Erwartungen gerecht zu werden. Sie ist, was sie immer war, eine Zusammenschau biologischer, psychologischer, familiärer und sozialer Gesichtspunkte.

Die Nachfrage nach psychotherapeutischer Hilfe wächst demzufolge stetig. Gesucht sind: Selbsterfahrung, Konfliktklärung und Konfliktlösung, Kommunikations- und Interaktionshilfen, Eröffnung von Entscheidungs- und Entwicklungsmöglichkeiten in festgefahrenen Lebenssituationen, hilfreiche vertrauensvolle Beziehung, Nachreifung mit korrigierender neuer emotionaler Erfahrung; und alles wird angeboten. Der Schlüssel paßt ins Schloß. Psychotherapie ist zu einer der markantesten Erfindungen unserer Zeit geworden. Lösungsversuch in einer sozio-kulturellen Krise und zugleich ein Beziehungsspiel, eine weitere Simulation grundlegender menschlicher Erfahrungen, eine höchst komplizierte schillernde Gestalt am Ausgang der Moderne.

Schauen wir im nächsten Arbeitsschritt, wie sich Psychotherapeuten selbst theoretisch und methodisch vorbereitet haben, dieser Kulturrolle gerecht zu werden.

Theorie und Methodenkrise der neunziger Jahre – verflachende Integration oder Erhalt der Vielfalt

Lange Zeit wurden die Hauptauseinandersetzungen zwischen an kritischer Hermeneutik, an Aufklärung und Emanzipation orientierten Psychotherapeuten einerseits und an objektiver Wissenschaft ausgerichteten, vom Popperschen Positivismus gestützten Schulen andererseits geführt. Heute hat die Kontroverse Psychoanalyse versus Verhaltenstherapie ihre Spannung verloren. Nachdem ein berufspolitischer Burgfrieden geschlossen wurde – beide haben am Versorgungssystem teil –, scheint auch der übrige Streit zu ruhen. Statt dessen hat die explosionsartige Ausbreitung aller Arten »alternativer« Psychoprodukte ein Chaos hervorgebracht. Wie in anderen, ebenfalls von neuer Unübersichtlichkeit betroffenen Kultur- und Wissenschaftsbereichen entstand eine kraftvolle Gegenströmung. Die seit dem Ende des Wiener Kreises verschollen geglaubten Universaltheorien, welche Physik, Biologie, Chemie, aber auch die Humanwissenschaften mit einer gemeinschaftlichen Epistemologie, Sprache und Methodik ausstatten wollten, feiern ihre Renaissance. Vor allem Systemtheorie, Konstruktivismus und Semiotik stehen zur Disposition.
Als führend zeigen sich in dieser Debatte zwei Teilbereiche der psychotherapeutischen Medizin, die Familientherapie und die Psychosomatik. Dies überrascht nicht, schlagen sich doch beide mit komplizierten Wechselwirkungen in unübersichtlichen Systemen herum: der Familie einerseits und dem krankheitsdeterminierenden bio-psycho-sozialen Komplex andererseits. In der Tat ist es bestechend, mechanische Ursache-Wirkungs-Ketten durch systemische Netzwerke zu ersetzen, wo Selbstorganisation (Autopoiese) auf den verschiedenen Ebenen immer neue Gestalten hervorbringt (Emergenzen). In einer neuen sogenannten Kybernetik zweiter Stufe wird anstelle des Regelkreises die Offenheit des Systems betont. Das Hinzutreten zum Beispiel des Therapeuten schafft bereits eine veränderte Situation. Diese kann je nach

schulspezifischer Grundorientierung in Form und Inhalt ganz unterschiedlich gestaltet werden. Solche Einsicht hat die Psychotherapieforschung der letzten Jahrzehnte in Atem gehalten (Garfield und Bergin 1986). Ausgehend von der vergleichenden Beurteilung der Ergebnisse verschiedener Verfahren (analog zum Medikamentenversuch auch Horse-Race-Design genannt) über Metaanalysen der Wirk-Power Tausender von Behandlungsstudien (Smith u. a. 1980, oft ein Vergleich von Äpfeln mit Birnen und Fruchtsalat) zu den neueren prozeßorientierten Analysen allgemeiner und spezifischer Wirkfaktoren (Orlinsky und Howard 1986), blieb unter dem Strich immer wieder Luborskys (1975) meistzitierter Satz aus *Alice im Wunderland* stehen: Alle haben gewonnen, und jeder erhält seinen Preis. Das heißt, Psychotherapie erzielt generell Wirkungen, die günstiger sind, als der spontane Verlauf erwarten läßt. Ein Drittel welcher Störung auch immer wird mit den meisten geprüften Verfahren sehr gut gebessert, ein Drittel erzielt befriedigende Resultate, und ein Drittel bleibt unverändert oder verschlechtert sich. Über alle Schulen und Studien hinweg wirksame Faktoren sind die Vermittlung erweiterten Konfliktverständnisses, die Qualität der therapeutischen Beziehung und das Akzeptieren der Selbstheilungsversuche der Patienten. Keine Einsicht ohne vertrauensvolle Beziehung zum Therapeuten, keine Entwicklung ohne erweitertes Verständnis der Störung und kein dauerhafter Erfolg ohne Anerkennung der Lösungsversuche des Patienten selbst.

Eine gleichförmige 30%-Verteilung der Behandlungsergebnisse wird nicht nur den Statistiker nachdenklich stimmen. Der Satz »Psychotherapie wirkt« ist in seiner Absurdität erst erlebbar, wenn wir ihn, Grawe (1989) folgend, vergleichen mit dem Satz »Medizin wirkt«. Wenn wir uns vorstellten, wir wollten unser Medizinsystem gründen auf einem Ansatz, der alle Arten körperlicher Gebrechen mit allen Arten medikamentöser, operativer, physikalischer oder sonstiger Behandlungsverfahren kombinierte – wir würden vielleicht zu ähnlichen zufallsgestützten positiven oder negativen Resultaten kommen. Denkbar wäre auch, daß je nach willkürlich gewähltem Krankheitsbild wechselnde Grundorientierungen favorisiert würden. Einmal würde sich die Operationsfraktion als überlegen erweisen. Ein andermal wäre die Pharmakotherapie Siegerin, und auch die Außenseiter könnten sicher sein, ihre Erfolge zu verbuchen und damit etwa ihren Anspruch auf Teilhabe an der Kassenversorgung zu begründen. Stellen wir uns nun noch vor, daß die verschiedenen Schulen ganz und gar voneinander abgeschottete Ausbildungen durchliefen. Die einen absolvierten ein Chemie- oder Biochemiestudium und besuchten danach Abendkurse, in denen sie das Verschreiben von Medikamenten lernten. Die anderen würden bestimmte manuelle Fertigkeiten in der Lehrwerkstatt eines Meisters perfektionieren. Die dritten wären Physiker, die Bestrahlungsapparate erklären und bedienen können. Auf diese Weise erhielten wir ein recht gutes Abbild der gegenwärtigen Krise der Psychotherapie, die sich als völlig verfahrener Schulen- und Methodenstreit darstellt.

Um einen zweiten Vergleich zu gebrauchen: So komplex die biologischen Lebensprozesse und deren Störungen sind und so vielfältig die Theorien, Methoden und Behandlungssysteme der naturwissenschaftlichen Anteile der Medizin sein müssen, so basieren doch alle auf einem grundlegenden naturwissenschaftlichen Paradigma. Ähnlich verhält es sich mit den kulturell, sozial, lebensgeschichtlich und beziehungsdynamisch begründeten psychologischen Prozessen und deren Störungen, und ähnlich differenziert sind die Theorien, Methoden und Behandlungssysteme der psychotherapeutischen Medizin geworden. Mit anderen Worten: Daß wir für unsere Zeit und Gesellschaft ein psychotherapeutisches System brauchen, welches in seiner Differenziertheit und seinem Umfang den Aufgaben der Schulmedizin nicht nachsteht, ist unbestreitbar. Und – jetzt wird es wirklich kompliziert – beide, die Schulmedizin und die Psychologische Medizin, müssen verbunden werden, weil unsere Patienten sich nicht teilen lassen. Wir müssen dazu nicht ständig um jeden Einfall, jede klinische Entdeckung neue Grüppchen und Zwergschulen gründen. Der Narzißmus der kleinen Differenzen ermüdet. Von vornherein sind weder die Psychoanalyse noch die Verhaltenstherapie oder die Systemtherapie geschweige denn eine andere Variante besser oder richtiger als die jeweils anderen. Die Vielfalt ist das eigentlich Neue! Und – das Ganze ist das Unwahre, können wir mit Adorno sagen.

Dies verweist auf die Notwendigkeit zum strukturellen Wandel, zum Umdenken und Umorganisieren. In der Tat mehren sich die Anzeichen, daß wir uns mitten in einer erneuten Umbruchperiode befinden. Am Anfang des Jahrhunderts stand, wie gesagt, die erste, die psychoanalytische Wende der Psychotherapie, deren wissenschaftliche Begründung. Dies hat eine fruchtbare Entwicklung der Konzepte und Methoden eingeleitet. Die drei mächtigsten Strömungen, Tiefenpsychologie, Lerntheorie und Systemtheorie, sind jenseits der großen Entwürfe heute mit normalwissenschaftlicher »Aufräumarbeit« beschäftigt. Sie sind verbunden durch die Annahme eines kausalen Zusammenhanges zwischen Symptomen und psychologischen Prozessen. Sie setzen alle auf die verändernde Wirkung verbaler Interventionen, der »talking cure«, wie sie Bertha von Pappenheim (Anna O.) gegenüber ihrem Arzt Josef Breuer, einem der Mentoren Sigmund Freuds, nannte (Breuer und Freud 1895). Alle diese drei Hauptströmungen sehen in der hilfreichen Beziehung von Therapeut und Patient eine notwendige, wenngleich nicht ausreichende Voraussetzung für ein Gelingen der Behandlung. Sie unterscheiden sich damit grundlegend von magischen Riten und von naturwissenschaftlich begründeten biologischen Eingriffen. In der bewußten Wahrnehmung dieser gemeinsamen verbindenden Grundlagen liegt eine starke gestaltende Kraft. An die Stelle harmonisierender Integrations- oder besser Gleichschaltungssucht tritt die bewußte Akzeptanz und Pflege der Vielfalt. Vom grundlegenden psychotherapeutischen Paradigma ausgehend gilt es, den Unterschieden der Menschen und ihrer Kulturen, deren jeweils besonderen Nöten und Konflikten und den daraus entstehenden, ganz verschiedenen Störungen gerecht zu werden. Berücksichtigt werden muß auch die Vielfalt der sozialen und ökonomischen Rahmenbedingungen. Und schließlich müssen die Eigenheiten der Menschen, die Psychotherapie ausüben, deren unterschiedliche Weltbilder, Lebenserfahrungen und Interessen ernstgenommen werden.

Mit diesem zweiten Umbruch der Psychotherapie nehmen wir Abschied vom individuumzentrierten, medizinischen Behandlungsdenken und von der Suche nach der »einen«, wahren Psychotherapie. Anstelle dessen tritt die Anerkennung der Vielfalt, der Wechselwirkungen und der Gestaltungsmöglichkeiten menschlichen Lebens.

Der bedeutende Biologe Jakob von Uexküll (1928) hat uns gelehrt, wie der Mensch und seine Umwelt (ein von ihm geprägter Begriff) in unauflösbarer, wechselseitiger Beziehung stehen und damit immer neue Gestalten hervorbringen. Das Ganze ist mehr als die Summe seiner Teile. Damit wurde er zu einem Wegbereiter des heute überlebensnotwendigen ökologischen Denkens. Deshalb

nennen wir den gegenwärtigen Umbruch, diese strukturellen Veränderungen der Psychotherapie, deren »ökologischen Wandel«.
Wie immer, wenn sich etwas grundlegend Neues in den Köpfen breitgemacht hat, kann sich niemand mehr so recht vorstellen, daß es einmal ganz anders gewesen sein soll. Orthodoxie, Reformationsbewegungen, Einheitstherapiestiftungen sind nur noch von historischem Interesse, wenn sie nicht in einem neuen Gesamtzusammenhang gesehen werden.

Professionalisierung –
Regionaler Verbund statt Fraktionierung

Wenden wir uns abschließend den praktischen Konsequenzen der skizzierten Entwicklungen zu. Dies ist wichtig, weil die geforderte Vielfalt auch ins Chaos münden kann. Woher bekommen die hilfesuchenden Patienten, die Auszubildenden und die für das soziale Regelwerk verantwortlichen Politiker ihre Leitlinien? Dazu müssen wir wissen, wo und wie Ärzte, neben den Psychologen eine der beiden hier zu Debatte stehenden Hauptberufsgruppen, psychotherapeutisch arbeiten und welche Anforderungen an ihre Kompetenz gegeben sind.
Da ist zunächst der Bereich der sogenannten Grundversorgung. Eine rhetorische Frage: Können wir noch einen Arzt, vor allem wenn er in eigener Praxis gar als Allgemeinarzt tätig ist, gutheißen, der nicht in der Lage wäre, den seelischen Anteil einer körperlichen Krankheit zu berücksichtigen, den Patienten selbst zu beraten, die Notwendigkeit weiterführender spezieller Psychotherapie zu erkennen und den Patienten gegebenenfalls auf den Weg zu einer solchen Behandlung zu bringen? Die allerorten laufenden Bemühungen um eine wirklich brauchbare Fortbildung werden uns in den nächsten Jahren noch stark beschäftigen.[1] Wesentliche Voraussetzungen müssen dafür bereits im Studium geschaffen werden, dessen Neugestaltung hier am Ort und bundesweit intensiv betrieben wird.

---

1 Auf der Seite der Psychologen ist eine solche grundlegende diagnostische und beratende Kompetenz ganz unverzichtbar etwa bei der Tätigkeit im Arbeitsamt, im schulpsychologischen Dienst oder im verkehrspsychologischen Dienst.

Weiterreichende, im engeren Sinn psychotherapeutische Kompetenz wird sich in Ergänzung zu den verschiedenen ärztlichen Fachgebieten empfehlen. Vorreiter sind die Kinder- und Jugendpsychiater. 1989 haben sie die Psychotherapie zum obligatorischen Bestandteil ihrer Weiterbildung gemacht. Von den Allgemeinpsychiatern haben dagegen bundesweit nur etwa die Hälfte eine vergleichbare Kompetenz. Trotzdem erscheint auf Dauer ein Psychiater ohne psychotherapeutische Qualifikation schwer vorstellbar. Denkbar ist aber auch, daß die Gruppe der Allgemeinärzte, Internisten, Neurologen, Kinderärzte, Gynäkologen, Hautärzte und anderer wachsen wird, die die notwendigen Voraussetzungen erwerben, um wirklich integriert psychotherapeutisch-psychosomatisch zu arbeiten. Warum sollte in Zukunft angesichts der Fülle nicht delegierbarer Aufgaben neben der so intensiv betriebenen naturwissenschaftlichen Ausbildung nicht psychosoziale Kompetenz obligatorischer Bestandteil einer Facharztqualifikation sein?[2]

Ein Wort zur Entwicklung der Psychoanalytiker, genauer: der Zusatzbezeichnung Psychoanalyse. Diese Qualifikation sollte in Zukunft auch offiziell angehoben werden auf das international anerkannte Niveau, wie es an den meisten Instituten längst gelehrt wird. Entbunden von Aufgaben der psychotherapeutischen oder gar facharztäquivalenten Weiterbildung, sollten hier wirklich Psychoanalytiker ausgebildet werden, auf die wir bei der Behandlung schwerer chronifizierter Persönlichkeitsstörungen und bei der Weiterbildung als Supervisoren und Lehrtherapeuten und erst recht in der wissenschaftlichen Entwicklung auf Dauer nicht verzichten können.

An irgendeinem Ort braucht es aber eine Gruppe von Fachleuten. Theoretisch und methodisch breit ausgebildete, ärztliche und psychologische Vollzeitpsychotherapeuten werden zur Zeit erst an einigen, vor allem universitären Plätzen ausgebildet. Dabei liegt es auf der Hand, daß bei solchem Anwendungsbedarf irgendwo die Kompetenz fachgerecht erworben und weiterentwickelt werden

2 Auf der Seite der Psychologen gibt es vergleichbare Qualifikationsanforderungen für die Mitarbeiter von Beratungsstellen. Psychologen im Strafvollzug oder im schulpsychologischen Dienst sollten eine dem Zusatztitel der Ärzte vergleichbare Qualifikationsmöglichkeiten erhalten. Die Konzeption solcher Weiterbildungsgänge ist schwierig.

muß, wenn nicht das gesamte System zunehmend verflachen soll. Wir brauchen Experten, die etwas von dem Metier verstehen. Von diesen wird auch die wissenschaftliche Entwicklung vorangetrieben, um die wachsende Kluft von Forschung und Praxis zu mindern. Im Behandlungssystem stehen sie für die verwickelten chronifizierten Fälle zur Verfügung, die eine abgestimmte, oft sogar kombinierte Behandlung brauchen. Das Fehlen eines Facharztes für psychotherapeutische und psychosomatische Medizin behindert die Entwicklung ebenso wie das Fehlen des Fachpsychologen.

Ihre Verankerung findet die Fülle der genannten Aufgaben in regionalen Akademien. In einem die Unabhängigkeit der beteiligten Gruppen erhaltenden Verbund kommen Ärzte und Psychologen, Psychoanalytiker, Verhaltenstherapeuten und Familientherapeuten, universitäre und außeruniversitäre Einrichtungen zusammen. An die Stelle eines nach Berufsgruppen, Schulen und sonstigen Interessen zersplitterten psychosozialen Systems träte ein regionalisierter förderativer Verbund, der Forschungsaufgaben, Theorie- und Methodenentwicklung und identitätserhaltende Weiterbildungsaufgaben zusammenhält.

Ein zweiter, nunmehr ökologischer Wandel der Psychotherapie

Kehren wir zum Ausgangspunkt unserer Überlegungen zurück. Auf dem Weg in eine andere Moderne (Beck 1986) erleben wir die Auflösung des Kanons und der Dogmen, die Informalisierung und Individualisierung der Lebenswelten. Das Bewußtsein der biologischen, psychologischen und sozialen Abhängigkeiten und Wechselwirkungen, in die wir alle eingebunden sind, wächst. Dadurch kommen dem einzelnen Aufgaben der Konfliktbewältigung, der Gestaltung sozialer Beziehungen und des Erkennens und Akzeptierens von Begrenzungen zu, die leicht in Überforderung münden. Individuelle und gesellschaftliche Lösungsversuche, so verbreitet sie sein mögen, werden zum Hauptproblem, wenn sie nicht mit einem grundlegenden Umdenken einhergehen. Auch der »High-Tech- und Video-Krieg« ist nur ein elendes Mehr des Immergleichen. Für den einzelnen Menschen mündet der Zusammenbruch der körperlichen, seelischen und sozialen Kräfte in chronifizierte, biologische, psychologische und soziale Störungen, wenn nicht durch frühzeitige patienten- und entwicklungsorientierte Hilfe eine Abkehr von den alten, untauglich gewordenen Pseudolösungen ermöglicht wird.

Jenseits von positivistischer Normalitäts- oder Gesundheitsideologie bedingt der Umbruch unserer Gesellschaft einen Paradigmenwechsel der Psychotherapie. In einem zweiten Entwicklungssprung hundert Jahre nach der Psychoanalyse hat die Psychotherapie erneut die laufenden Umwälzungen unseres Weltbildes aufgeholt, teilweise sogar zum Umbau beigetragen. In einem ökologischen Wandel (wie wir ihn nennen) wird der Mensch in seiner Umwelt gesehen. Natur, Psyche, Beziehung und Gesellschaft sind Teile eines Ganzen. In deren Wechselwirkung greifen wir ein mit dem Ziel, die Voraussetzungen für eine günstige Entwicklung zu schaffen.

Psychotherapie, dieser stark in Bewegung geratene Teil unseres sozialen Systems, hat wichtige evolutionäre Aufgaben. Psychotherapie ist in ihrer ganzen Breite und Vielfalt im wahren und besten Sinne des Wortes alltäglich geworden.

Literatur

Baudrillard, J. (1988), »Die Simulation«, in: W. Welsch (Hg.), *Wege aus der Moderne. Schlüsseltexte aus der Postmoderne-Diskussion*, Weinheim S. 153-162.
– (1989), *Cool memories*, München.
Beck, U. (1986), *Risikogesellschaft. Auf dem Weg in eine andere Moderne*, Frankfurt am Main.
– und E. Beck-Gernsheim (1990), *Das ganz normale Chaos der Liebe*, Frankfurt am Main.
Breuer, J. und S. Freud (1895), *Studien über Hysterie*, in: S. Freud, *Gesammelte Werke*, Bd. 1, S. 81-312.
Cremerius, J. (1987), »Für eine psychoanalysegerechte Ausbildung«, in: *Psyche* 41, S. 1067-1094.
Dürrenmatt, F. (1991), »Menschheit im Universum der Katastrophen«, in: *Frankfurter Allgemeine Zeitung*, 12. Januar 1991.
Ellenberger, H. F. (1973), *Die Entdeckung des Unbewußten*, Band 1, Bern–Stuttgart–Wien.

Foerster, H. von (1985), »Entdecken oder Erfinden. Wie läßt sich Verstehen verstehen?«, in: H. Gumin und A. Mohler (Hg.), *Einführung in den Konstruktivismus*, München, S. 27-68.

Garfield, S. L. und A. E. Bergin (1986), »Introduction and Historical Overview«, in: dies. (Hg.), *Handbook of Psychotherapy and Behavior Change*, New York, S. 3-22.

Glucksmann, A. (1991), »Warum ist die Depression gut für Europa, Monsieur Glucksmann?« Ein Interview von Renée Zucker, in: *Frankfurter Allgemeine Zeitung*, 11. Januar 1991.

Grawe, K. (1988), »Psychotherapeutische Verfahren im wissenschaftlichen Vergleich«, in: *Praxis der Psychotherapie und Psychosomatik* 33, S. 153-167.

Habermas, J. (1973), *Erkenntnis und Interesse*, Frankfurt am Main.

– (1985), *Die neue Unübersichtlichkeit*, Frankfurt am Main.

Hassan, I. (1988), »Postmoderne heute«, in: W. Welsch (Hg.), *Wege aus der Moderne. Schlüsseltexte aus der Postmoderne-Diskussion*, Weinheim, S. 47-56.

House, J., K. R. Landis und D. Umberson (1988), »Social relationship and health«, in: *Science* 241, S. 540-545.

Kuhn, T. S. (1973), *Die Struktur wissenschaftlicher Revolutionen*, Frankfurt am Main.

Luborsky, L., B. Singer und L. Luborsky (1975), »Comparative studies of psychotherapies«, in: *Arch. Gen. Psychiatry* 32, S. 995-1008.

Luhmann, N. (1984), *Soziale Systeme. Grundriß einer allgemeinen Theorie*, Frankfurt am Main.

Marcuse, H. (1970), *Kultur und Gesellschaft* 1, Frankfurt am Main.

Maturana, H. R. (1985), *Erkennen: Die Organisation und Verkörperung von Wirklichkeit*, Braunschweig.

Mitscherlich, A. und M. Mitscherlich (1968), *Die Unfähigkeit zu trauern*, München.

Orlinsky, D. E. und K. I. Howard (1986), »Process and outcome in psychotherapy«, in: S. L. Garfield und A. E. Bergin (Hg.), *Handbook of Psychotherapy and Behavior Change*, New York, S. 311-381.

Ortega, R. P. (1991), »Die Verarmung der Psychoanalyse. Über den Verfall der psychoanalytischen Ausbildung.« in: *Psyche* 45, S. 61-83.

Parin, P. (1981), »Das Ende der endlichen Analyse«, in: U. Ehebald (Hg.), *Humanität und Technik in der Psychoanalyse*, Bern.

Schepank, H. (1987), *Psychogene Erkrankungen der Stadtbevölkerung. Eine tiefenpsychologisch-epidemiologische Feldstudie in Mannheim*, Berlin–Heidelberg–New York.

Schmale, A. H. und G. L. Engel (1974), »A role of conservation-withdrawal in depressive reactions«, in: E. J. Anthony und T. Benedek (Hg.), *Depression and Human Existence*, Boston, S. 183-198.

Schott, H. (1986), »Psychoanalyse und Psychotherapie. Ihre historische

Auseinandersetzung und die Folgen«, in: *Psychother. Med. Psychol.* 36, S. 253-258.

Seidler, E. (1990), »Was ist ein Psychotherapeut? Historische Anmerkungen zu einem aktuellen Thema«, in: G. Sonneck (Hg.), *Das Berufsbild des Psychotherapeuten. Kosten und Nutzen der Psychotherapie*, S. 10-16.

Smith, M. L., G. V. Glass und T. I. Miller (1980), *The Benefits of Psychotherapy*, Baltimore.

Uexküll, T. von und W. Wesiack (1988), *Theorie der Humanmedizin*, München–Wien-Baltimore.

Martin Wangh
Zweifel an der Zukunft der Psychoanalyse

Gegen Ende der sechziger und Mitte der siebziger Jahre schien sich in der psychoanalytischen Gemeinschaft zumindest in Nordamerika ein tiefer Pessimismus über die Zukunft der Psychoanalyse breitzumachen. Anna Freud selbst äußerte sich in diesem Sinne in einem Vortrag, den sie 1968 in New York vor einer großen Zuhörerschaft amerikanischer Psychoanalytiker hielt.[1] Ihre düstere Einschätzung rührte hauptsächlich von der geschichts- und introspektionsfeindlichen Haltung her, die sie bei der rebellierenden Jugend jenes Jahrzehnts zu erkennen meinte, einer Jugend, die »Geschichte und Vergangenheit« ebenso wie »Recht und Ordnung« für »irrelevant« hielt oder darin überhaupt ein regressives Hindernis für emotionale Freiheit und menschlichen Fortschritt sah. Kurt Eissler äußerte ähnlichen Pessimismus hinsichtlich der reinen, orthodoxen Psychoanalyse.[2]

1974 beschloß der Programmausschuß der Amerikanischen Psychoanalytischen Vereinigung, sich mit dieser Stimmung und dieser Sorge im Rahmen zweier Podiumsdiskussionen zu befassen, die im Frühling und im Herbst jenes Jahres stattfanden. Die eine sollte »Die künftigen Aussichten der Psychoanalyse« aus einer kritischen *Binnen*perspektive betrachten, die andere die gleiche Frage *von außen* betrachten. Das Podium der ersten Diskussion bestand ausschließlich aus Mitgliedern der Amerikanischen Psychoanalytischen Vereinigung, während die Diskussionsredner der zweiten zum Teil auch aus anderen (akademischen) Disziplinen kamen. Im folgenden werde ich mich den Erörterungen hauptsächlich dieser zweiten Podiumsdiskussion zuwenden.

1 Anna Freud, »Schwierigkeiten der Psychoanalyse in Vergangenheit und Gegenwart«, in: *Die Schriften der Anna Freud*, Bd. IX, Frankfurt am Main 1987, S. 2481-2508.
2 Kurt Eissler, »Irreverent Remarks about the Present and the Future of Psychoanalysis«, in: *International Journal of Psychoanalysis* 50 (1969), S. 461-471. Vgl. S. 461: »Obgleich die therapeutische Anwendbarkeit dieser Methode verbreitert wurde, hat die Psychoanalyse als Therapie keine glänzende Zukunft.« S. 468: »Ich schließe daraus, daß Freud bereits alles in Erfahrung gebracht hat, was sich von der Couch lernen läßt.«

Bevor ich jedoch die Auffassungen dieser »externen« Kritiker referiere und meine eigenen Ansichten zum Thema der Zukunft der Psychoanalyse darlege, möchte ich einige historische Bemerkungen zu den äußeren Ereignissen und der damaligen Entwicklung der Psychoanalyse machen.

In den späten zwanziger und den frühen dreißiger Jahren erweiterte sich der theoretische und klinische Horizont der Psychoanalyse ganz erheblich. Die Ursprünge und die Energien des »Über-Ichs« wurden herausgearbeitet, und mit Anna Freuds Veröffentlichung über *Das Ich und die Abwehrmechanismen* (1936) kam die Psychoanalyse einer Klärung der Ich-Funktionen ein gutes Stück näher. Etwa zur gleichen Zeit rückte Hartmann die Ich-Psychologie und die Probleme der Anpassung in den Brennpunkt.[3] Seine Perspektive ergänzte die Erforschung der Ich-Funktionen um eine teleologische Dimension.

Diese Ausweitung des psychoanalytischen Denkens auf klinischem und theoretischem Gebiet führte dazu, daß die Psychoanalytiker rasch eine führende Rolle in der Militärpsychiatrie einnahmen, als mit Beginn des Zweiten Weltkriegs allenthalben psychisch traumatisierte Opfer zu behandeln waren. Die klinischen Auffassungen der Psychoanalyse verdrängten, zumindest bei den westlichen Alliierten, die aus dem Ersten Weltkrieg stammenden psychiatrischen Vorstellungen simulierter beziehungsweise männlicher Hysterie und ähnliche diagnostische Kategorien. An die Stelle nutzloser Elektroschockbehandlungen oder Bestrafungen trat die psychotherapeutische Behandlung. Das Bild einer rationalen, positiven Wissenschaft wirkte auf eine große Zahl junger ärztlicher Offiziere anziehend. So herrschte zu Beginn der Nachkriegszeit bei der wachsenden Anzahl von Psychoanalytikern großer Optimismus – ein Optimismus, der sich auf die gesamte Bevölkerung übertrug. Viele Patienten mit Symptomen bemühten sich um eine psychoanalytische Therapie. Umgekehrt wandelte sich auch die Art der Pathologien, für die eine psychoanalytische Behandlung angeraten wurde. Das »Spektrum« der Psychoanalyse schien sich erweitert zu haben.[4] Mit der Stärkung des demo-

---

3 Heinz Hartmann, »Ich-Psychologie und Anpassungsprobleme« (1939), in: *Psyche* 14 (1960); Separatdruck Stuttgart: Klett 1970.
4 Leo Stone, »The Widening Scope of Indications for Psychoanalysis«, in: *Journal of the American Psychoanalytic Association* 2 (1954), S. 567-594.

kratischen Geistes überall auf der Welt fühlten sich zudem breitere Bevölkerungskreise berechtigt, Anspruch auf medizinische Versorgung zu erheben, und dazu gehörte eben auch die Behandlung psychischen Leidens.

Der Druck, der von dieser therapeutischen Nachfrage ausging, hatte bereits während des Krieges zur Entwicklung verschiedener Varianten psychoanalytisch orientierter Gruppentherapien für Soldaten geführt; nun erreichten diese Abwandlungen die Bevölkerung insgesamt. Im Verhältnis dazu blieb die eigentliche Psychoanalyse, das heißt die klassische Eins-zu-eins-Behandlungssituation, einer relativ geringen Zahl von Patienten vorbehalten.

Mit der Zeit erreichte die Psychoanalyse auch solche Patienten, deren Pathologie eng mit ihrer Charakterstruktur zusammenhing, sowie »Borderline-Fälle« auf der Grenze zwischen Psychoneurose und Psychose. Die therapeutische Desillusionierung, zu der diese Ausweitung führte, ging mit der sozialen Enttäuschung einher, die – wie schon erwähnt – in den pessimistisch gestimmten Proklamationen der Jugend der sechziger Jahre durchbrach.

Nach diesem Ausflug in die Geschichte der psychoanalytischen Theorie und Praxis kehre ich zurück zu der Podiumsdiskussion von 1974 über »Die künftigen Aussichten der Psychoanalyse – von außen betrachtet«. Ich will mich hier darauf beschränken, die Ausführungen von drei Rednern dieser Veranstaltung kurz zusammenzufassen.[5]

Ilya Wachs, Professor für vergleichende Literaturwissenschaft am exklusiven Sarah Lawrence College in der Nähe von New York City, fand bei seinen Studenten die gleiche Lernunwilligkeit, die gleichen Widerstände, wie sie Anna Freud in ihrem Vortrag von 1968 bei den Psychoanalytikern beklagt hatte. Seine Studenten fühlten sich entfremdet und seien passiv; sie gingen mit ihrem Körper um, als wäre er ein äußeres, mechanisches Objekt, das an- oder abgeschaltet werden kann. Sie zeigten sich auffällig besorgt um ihre Stoffwechselprozesse, Ernährung wie Ausscheidung. Das Finden und Zubereiten spezieller Nahrungsmittel nehme einen großen Teil ihrer Zeit in Anspruch. Sie flüchteten vor dem Gefühl, ein integriertes menschliches Wesen zu sein, und dementspre-

---

5 Die Texte der Vorträge befinden sich im Archiv der Amerikanischen Psychoanalytischen Vereinigung sowie in meinem Besitz.

chend auch vor der Konfrontation mit sich selbst im Rahmen einer psychoanalytischen Behandlung. Häufig seien sie durch Scheidung der Ehe ihrer Eltern der schützenden und sichernden Umgebung einer Familie beraubt. Wachs interpretierte ihr regressives Verhalten als Abwehr gegen eine übermächtige Angst, die tief mit der Furcht vor einer Vernichtung der Menschheit entweder durch einen atomaren Krieg oder eine ökologische Katastrophe verbunden sei. Er forderte die Psychoanalyse auf, dieser Panik entgegenzutreten, die soziale Problematik zu erkennen, die sich damit stelle, und sie als eine Wurzel des Widerstands zu betrachten, auf den sie selbst treffe. Es sei nicht genug, diese Gegenkräfte nur zu beklagen.

Carl E. Schorske, Professor für Geschichte an der Princeton University, ein Mann, der besonders in der Geistesgeschichte des Wiener *fin de siècle* bewandert ist, begann seine »Reflexionen über die Zukunft der Psychoanalyse« mit der Bemerkung, daß die drei großen Denker des neunzehnten Jahrhunderts – Hegel, Marx und Freud – die Hoffnung gehabt hätten, die Vernunft werde letztlich den Sieg über die menschliche Irrationalität davontragen. Dennoch seien alle drei mit ihren Versuchen gescheitert, uns einer rationalen Welt näher zu bringen. Hegel habe geglaubt, die Menschheit werde sich von der Unvernunft der Französischen Revolution erholen; Marx habe erwartet, daß sich die Unterdrückung des Individuums, wie sie die industrielle Revolution mit sich brachte, durch den Klassenkampf werde überwinden lassen; und Freud habe gehofft, daß seine Entdeckungen den Menschen in den Stand setzen würden, sein Geschlechtsleben und seine individuelle Freiheit zu genießen. Dieses Ziel, meinte Schorske, jedoch, habe die Psychoanalyse wegen des immer stärkeren Zerfalls der Kernfamilie nicht erreicht: »An die Stelle des Ödipuskomplexes tritt die Herrschaft von Narziß.« Unter diesen Voraussetzungen müßten sich die rational orientierten Behandlungstechniken und die Behandlungsziele der Psychoanalyse ändern, damit die analytische Kur erfolgreich bleiben könne. Mehr Empathie und Intuition seien vonnöten, um dem an seinem Narzißmus leidenden Individuum zu helfen.

Abgesehen davon, meinte Schorske, werde die Sorge um das Individuum, Inbegriff des Humanismus des neunzehnten Jahrhunderts, als solche fragwürdig. Das gelte insbesondere für Osteuropa, den Fernen Osten, China und Vietnam, wo die Mehrheit der

Menschen unter kommunistischer Herrschaft lebe. Dort müsse auch Kohuts Ruf nach einem neuen Ansatz und einem empathischen Verhalten des Analytikers ungehört bleiben. Es komme darauf an, die psychische Situation der Massen zu verbessern, nicht den Zustand des einzelnen. Kurz, Schorske gab der Psychoanalyse kaum eine Überlebenschance, es sei denn, sie schraube die rationalen und wissenschaftlichen Ansprüche ihres Verfahrens herunter und wende sich eher mystischen und intuitiven Verbindungen zwischen Analytiker und Patient zu.

Auch Robert L. Heilbronner, ein Wirtschaftswissenschaftler, der sich an jener Diskussionsrunde am eifrigsten beteiligte, sah die Zukunft der Psychoanalyse in düsterem Licht. Wie Schorske glaubte er an eine Entwicklung der Zivilisation in Richtung auf einen chinesisch geprägten Bauernkommunismus. Er nahm an, die gesamte Menschheit werde schließlich in einer Art klösterlicher Ordnung leben: uniform in ihrem Glauben, leistungsorientiert in ihrem Verhalten und ohne Raum für einen individualistischen Bezug auf das eigene Selbst, wie ihn die psychoanalytische Situation fördert und voraussetzt. Er bezweifelte, daß sich die Psychoanalyse so weit anpassen könne, um in einem solchen Klima zu überleben und zu seiner Humanisierung beizutragen. Freilich sei die Psychoanalyse bis zu einem gewissen Grade das Gegenstück zum dialektischen Denken des Kommunismus. Während jedoch der Kommunismus an eine positive Formbarkeit der Menschheit glaube, entdecke die Psychoanalyse die *unveränderliche, unnachgiebige,* nicht kulturell, sondern biologisch bedingte Realität. Als *Theorien* lehrten beide das Zulassen von Ambiguität – im Gegensatz zu der erwähnten Praxis, in der eine »klösterliche Herrschaftsordnung Einförmigkeit und Eindeutigkeit verlangt«. »Die Psychoanalyse war ein Laboratorium zur Erforschung der menschlichen Natur; darin liegt ihr Verdienst.« Indem sie sich dieser Aufgabe zur Verfügung stellen, zahlen die privilegierten Wenigen, die sich eine Analyse leisten können, ihre Schuld gegenüber der Menschheit ab. Für Heilbronner wäre es die krönende Leistung der Psychoanalyse, wenn es ihr gelänge, eine »universell geteilte Konzeption des richtigen Verhaltens« zu entdecken und zu fördern, die für alle Kulturen annehmbar wäre. Die Psychoanalyse solle uns über den Kern dessen aufklären, was er schließlich »die moralischen Gebote« für alle nannte.

Es ist frappierend, daß Heilbronner wie Schorske, die der Psychoanalyse eine pessimistische Zukunftsprognose stellten, zugleich als Ziel und als Hoffnung an der Idee festhielten, die Psychoanalyse sei die Hauptquelle einer vernünftigen Existenz und solle den Weg zu einer »universellen Moral« weisen. Und Kurt Eissler, der Pessimist unter den Analytikern, schloß sich diesen Kritiken in gewisser Weise an.

Ironischerweise hat es die klinische Psychoanalyse heute, zwanzig Jahre nach diesen Podiumsdiskussionen, in der kapitalistischen Welt mit einem Gemisch politischer und ökonomischer Strömungen zu tun, die ihr freies Wirken zutiefst beeinträchtigen. Während der westliche Kapitalismus den Individualismus in höchsten Tönen preist und »Privatisierung« zum Schlachtruf erhoben hat, werden die psychoanalytische Behandlung und die dynamisch orientierte Psychotherapie dem Durchschnittsbürger finanziell unerreichbar. Die Notwendigkeit, daß eine Versicherung die Kosten einer psychotherapeutischen Behandlung übernimmt, hat dazu geführt, daß dieser »zahlende Dritte« störend in die Grundvoraussetzungen eingreift, die für die Wahrung einer vertrauensvollen, offenen und kontinuierlichen Beziehung zwischen Psychotherapeut und Patient essentiell sind.

In den Vereinigten Staaten diktieren heute die sogenannten *Health Maintenance Organisations*, in denen man – als Angestellter – versichert sein muß, wenn man um einen Behandlungsplatz nachsucht, wie oft und wie lange ein Patient psychotherapeutisch behandelt werden kann. Diese anonymen Organisationen verlangen Berichte über Diagnose und Fortschritte des Krankheits- und Heilungsprozesses, welche die Vertraulichkeit der Kommunikation zwischen Arzt und Patient während einer Analyse in entscheidendem Maße verletzen.

Sehen wir vorläufig davon ab, ob es gerade die mit der Verbreitung des psychoanalytischen Wissens entstandene Vielzahl psychotherapeutischer Behandlungstechniken war, welche die Entwicklung der psychoanalytischen Erkenntnis geschädigt hat, so können wir zumindest feststellen, daß die wesentliche Gefährdung heute von einer materialistischen, kapitalistischen Störquelle ausgeht. Psychoanalytische Forschung im strengen Sinne ist heute nicht möglich, da ihr »Prüfstück«, der Patient, sie nicht bezahlen kann und Krankenversicherungen nicht willens sind, die Behandlungskosten im erforderlichen Umfang zu übernehmen. Der optimale Rahmen für die Forschung, das klassische Eins-zu-eins-Setting, ist unter diesen Umständen nicht mehr aufrechtzuerhalten. Die psychoanalytische Forschung ist auf die Situation ihrer Anfangsjahre zurückgeworfen, in der die Anzahl der Patienten sehr gering war. So lassen sich psychoanalytische Einsichten nur noch aus der Behandlung einer Elitegruppe entweder sehr wohlhabender Klienten oder einer Elite entschlossener, zu finanzieller Selbstaufopferung bereiter Patienten und Analytiker gewinnen.

Doch es stellt sich die Frage, ob diese Bedingungen tatsächlich das Ende der psychoanalytischen Forschung bedeuten müssen, den Untergang der Psychoanalyse, das Ende ihrer Bemühungen um ein Verständnis der Funktionsweise der menschlichen Psyche mit Hilfe einer ziemlich raffinierten Methode – im Rahmen der analytischen Situation, die von äußeren Eingriffen unbehelligt bleiben muß, in der Vertraulichkeit gewährleistet und in der für eine regelmäßige Behandlungsfrequenz gesorgt sein muß, damit freie Assoziationen ohne äußere Hindernisse strömen können.

In seinem Artikel von 1969 nahm Kurt Eissler an, die Psychoanalyse habe ihr Potential an Einsichten im Rahmen der klassischen analytischen Situation erschöpft und sei an ihre Grenzen gestoßen. Ich glaube das nicht. Neben der Vertiefung unseres Wissens von der psychischen Entwicklung des Menschen durch direkte Beobachtungen der Mutter-Kind-Interaktion, neben den Kenntnissen, die aus der Erforschung der Gehirnfunktionen hervorgehen, bieten genauere Beobachtungen der Übertragung und besonders der Gegenübertragung einen ständig wachsenden Ertrag neuer Erkenntnisse. Darüber hinaus liefern die verschiedenen Therapien, die der Psychoanalyse entsprungen sind – Gruppentherapie, Familientherapie, diverse Bewegungstherapien –, dieser wiederum Einsichten, die sich im klassischen Eins-zu-eins-Setting nutzen lassen. Der Prozeß ist ein durchaus wechselseitiger: Während die therapeutischen Abkömmlinge von der klassischen Psychoanalyse zehren, schärfen sie umgekehrt die eigene Wahrnehmung für das, was der Patient in der klassischen analytischen Situation von seinen alltäglichen Begegnungen und Konflikten in seiner familiären und sonstigen Realität erzählt. Darüber hinaus lernen wir beobachten, wie Patient und Analytiker gleichermaßen von Spannungen in der gesellschaftlichen und politischen Welt affiziert werden.

Freilich hat das ungeheure Sprießen dieser verschiedenen neuen Therapien auch negative Konsequenzen. Sie ziehen eine große

Zahl von Patienten ab, die für eine intensive psychoanalytische Behandlung geeignet wären. Außerdem vermindert der verbreitete Einsatz psychotroper Medikamente bei psychischen Störungen das Reservoir solcher Patienten. Am schädlichsten wirken sich all diese Behandlungsvarianten jedoch auf die Ausbildung künftiger Psychoanalytiker aus. Wegen der Knappheit an Analysepatienten ist es für Kandidaten schwieriger geworden, Erfahrung in der Praxis zu erwerben.

Trotz dieser Hindernisse blüht der psychoanalytische Unterricht, da heute mehr Lehranalytiker an mehr Orten zur Verfügung stehen. Einschränkend müssen wir sagen, daß die Zahl medizinisch ausgebildeter Kandidaten immer weiter abnimmt. Da jedoch an immer mehr Orten und Einrichtungen Psychoanalyse gelehrt wird und in Gestalt von Zeitschriften, die in einer Vielzahl von Sprachen gedruckt werden, ein immer dichteres Netz weltumspannender Kommunikationskanäle offensteht, darf man annehmen, daß in der Tat eine stabile, ausgeglichene Entwicklung gewahrt werden könnte. Bedenkt man im übrigen die Zunahme der Populationen, die inzwischen Zugang zum westlichen Denken, zur westlichen Philosophie und Zivilisation erhalten haben, so dürfte das Potential an Personen, die um eine psychoanalytische Behandlung nachsuchen könnten, in gleichbleibendem Verhältnis mit der Weltbevölkerung gewachsen sein.

Angesichts des ökonomischen Drucks, von dem ich bereits gesprochen habe, sowie der Vereinigung halb-alternativer Therapieformen und der chemischen Behandlungsmöglichkeiten glaube ich nicht, daß die Psychoanalyse als Behandlungsform darauf hoffen kann, ihren Elitestatus in der näheren Zukunft zu verlieren. Das bedeutet jedoch nicht, daß die Psychoanalyse als Wissenschaft und als Behandlungsmethode an ihre Grenzen gestoßen wäre. Wir sollten uns angewöhnen, ihre Lehrinstitute, Kandidaten und Forscher analog zu den umfangreichen Forschungs- und Entwicklungsabteilungen der Industrie (F&E-Sektor) zu betrachten. Genau diesen Status sollte die Psychoanalyse in Gesellschaften, die sich das leisten können, beanspruchen.

Was künftige psychoanalytische Forschung anbieten muß, sind immer genauere Beobachtungen der Funktionsweise des menschlichen Geistes (beziehungsweise der Seele, das heißt des Geistes einschließlich des Affektlebens), Beobachtungen somatischer Reaktionen auf psychische und physische Reize, Erkenntnisse über die Bildung und Vermittlung von Moral, über ethnische Besonderheiten und viele andere Facetten der menschlichen Handlungsfähigkeit. Wir müssen viel mehr Dinge als bisher registrieren und beschreiben lernen. Dies kann mit technischen Hilfsmitteln geschehen, die unsere Wahrnehmungsfähigkeiten erweitern, zum Beispiel mit audiovisuellen, computergestützten Aufzeichnungsverfahren, die entweder schon verfügbar sind oder noch zu entwickeln wären. All dies kostet natürlich Geld. Um die erforderliche Finanzierung zu sichern, muß die psychoanalytische Forschung wie jeder andere F&E-Bereich betrachtet werden. Zu diesem Zweck muß sich die Psychoanalyse die Aufmerksamkeit und das Interesse öffentlicher und privater Einrichtungen der Forschungsfinanzierung sichern. Sie darf kein scheues Mauerblümchen bleiben, wenn sie als F&E-Bereich gesellschaftliches Ansehen gewinnen will.

In ihrer Inauguraladresse anläßlich der Einrichtung des Sigmund-Freud-Lehrstuhls der Hebräischen Universität Jerusalem, die 1977 in ihrer Abwesenheit verlesen wurde[6], sprach Anna Freud (ebenso wie ich selbst in meiner Vorlesung bei dieser Gelegenheit) von der Notwendigkeit, die Anstrengungen sämtlicher Sozialwissenschaften und biologischen Wissenschaften, einschließlich der Psychoanalyse, zu verbinden und in einer Akademie des Menschen (nach dem Ausdruck von Kurt Eissler) zusammenzuführen. Solche vereinten Anstrengungen sind erforderlich, um Wege zur Eindämmung der menschlichen Aggressivität zu finden. Der menschliche Todestrieb droht gegenwärtig die Biosphäre der Erde und mit ihr natürlich die Existenz des Menschen zu zerstören. Dieser Trieb ist unbewußt, und bis heute hat nur die Psychoanalyse einige Ansätze dazu entwickelt, wie seine Manifestationen gebremst werden können, welche Bahnen offengehalten werden müssen, um ihn von seinen Zielen abzulenken. Nur indem wir ein möglichst umfassendes Verständnis der Motive des Menschen gewinnen, können wir dazu beitragen, den Fortbestand der Menschheit gegen ihre eigenen selbstdestruktiven Tendenzen zu sichern. Wir wissen, daß die Kräfte, die das Gegengewicht gegen den Thanatos bilden, im libidinösen Potential des Menschen lie-

6 Anna Freud, »Antrittsvorlesung für den Sigmund-Freud-Lehrstuhl der Hebräischen Universität, Jerusalem«, in: *Die Schriften der Anna Freud*, Bd. x, a.a.O., S. 2907-2915.

gen. Die Befreiung dieser schöpferisch-sublimierenden Kräfte von allem, was sie an ihrer Entfaltung unbewußt hindert, ist eine nicht minder dringliche Aufgabe. Die Frage lautet also gar nicht, ob die Psychoanalyse eine Zukunft hat. Die Menschheit ist auf die Hilfe der Psychoanalyse angewiesen, will sie selbst eine Zukunft haben.

Hinweise zu den Autoren

Johannes Cremerius, geb. 1918; Dr. med., Prof. em. der Universität Freiburg, Facharzt für Psychiatrie und Neurologie und Facharzt für Innere Medizin, Lehranalytiker der DPV. Zahlreiche Zeitschriftenveröffentlichungen.
Bücher: *Die Beurteilung des Behandlungserfolges in der Psychotherapie* (Heidelberg: Springer 1962); *Die Prognose funktioneller Syndrome* (Stuttgart: Enke 1968); *Zur Theorie und Praxis der Psychosomatischen Medizin* (Frankfurt am Main: Suhrkamp 1978, italienische Ausgabe bei Boringhieri); *Vom Handwerk des Analytikers* (2 Bde.; Stuttgart: Frommann-Holzboog 1984; italienische Ausgabe bei Boringhieri). Herausgeber von: *Die Rezeption der Psychoanalyse in der Soziologie, Psychologie und Theologie im deutschsprachigen Raum bis 1940* (Frankfurt am Main: Suhrkamp 1981); *Neurose und Genialität* (Frankfurt am Main: S. Fischer 1970); *Psychoanalyse, Über-Ich und soziale Schicht* (München: Kindler 1979).

Helmut Dahmer, Prof. Dr., geb. 1937; lehrt Soziologie an der Technischen Hochschule Darmstadt. 1968-1991 redigierte er die psychoanalytische Monatszeitschrift *Psyche*. Seit 1988 Herausgeber einer zehnbändigen, kommentierten Ausgabe der *Schriften* Leo Trotzkis (bisher 3 Bde. in 8 Teilbänden).
Buchveröffentlichungen: *Libido und Gesellschaft* (1973, 2. erweiterte Auflage 1982); *Politische Orientierungen* (1973); *Psychoanalyse ohne Grenzen* (1989); *Pseudonatur und Kritik* (1994); *Divergenzen* (1995).
Herausgeber von: Leo Trotzki, *Schriften über Deutschland* (1971); Sándor Ferenczi, *Zur Erkenntnis des Unbewußten* (1978); *Analytische Sozialpsychologie*, 2 Bde. (1980); Leo Trotzki, *Denkzettel* (1981).

Jürgen Körner, Prof. Dr., geb. 1943; Diplom-Psychologe, Psychoanalytiker (DPG, DGPT). Professor für Sozialpädagogik im Institut für Kleinkind-, Erwachsenen- und Sozialpädagogik der Freien Universität Berlin. Schwerpunkte in Forschung und Veröffentlichungen: Psychoanalytische Methodenlehre und Theorie der Psychoanalyse, Psychoanalytische Pädagogik und Balint-Gruppen.
Monographie: *Vom Erklären zum Verstehen*, Göttingen: Vandenhoeck und Ruprecht 1985.

Ludger Lütkehaus, PD, Dr., geb. 1943; lehrte als Gastprofessor an mehreren amerikanischen und deutschen Universitäten. Heute lebt er als freier Publizist in Freiburg i. Br.

Zahlreiche Veröffentlichungen zur Literatur, Philosophie ind Psychologie des 18.-20. Jahrhunderts; zuletzt *Dieses wahre innere Afrika. Texte zur Entdeckung des Unbewußten vor Freud* (Frankfurt am Main 1989); *O Wollust, o Hölle. Die Onanie – Stationen einer Inquisition* (Frankfurt am Main 1992, italienische Ausgabe Milano 1993); *Philosophieren nach Hiroshima. Über Günther Anders,* (Frankfurt am Main 1992); *Die Schopenhauers. Der Familien-Briefwechsel* (Zürich 1991, italienische Ausgabe: Palermo 1994); *Arthur Schopenhauer. Der Briefwechsel mit Goethe und andere Dokumente zur Farbenlehre* (Zürich 1992); *Hegel in Las Vegas. Amerikanische Glossen* (Freiburg i. Br. 1992); *Kindheitsvergiftung* (Hg., Freiburg i. Br. 1994); *Unfröhliche Wissenschaft* (Marburg 1994); *Schöner meditieren* (Marburg 1995). Herausgeber der ersten Schopenhauer-Ausgabe nach den Fassungen letzter Hand (6 Bde., 4. Auflage Zürich 1995). 1979 Sonderpreis der Schopenhauer-Gesellschaft.

Rainer Marten, Prof. Dr., geb. 1928 in Kalifornien; lehrt als Professor für Philosophie an der Universität Freiburg i. Br. mit den Schwerpunkten griechische Philosophie, Philosophie des 20. Jahrhunderts und praktische Philosophie. Interdisziplinäre Zusammenarbeit vor allem mit Sprachwissenschaft, Psychoanalyse und Theologie.
Buchveröffentlichungen der letzten Jahre: *Der menschliche Tod. Eine philosophische Revision* (Paderborn 1987); *Der menschliche Mensch. Abschied vom utopischen Denken* (Paderborn 1988); *Denkkunst. Kritik der Ontologie* (Paderborn 1989); *Heidegger lesen* (München 1991); *Lebenskunst* (München 1993). Aufsätze zum Verhältnis von Philosophie und Psychoanalyse: »Menschliche Wahrheit«, in: S. Göppert (Hg.), *Die Beziehung zwischen Arzt und Patient. Zur psychoanalytischen Theorie und Praxis* (München 1975); »Versuch über die philosophische Bestimmung des Gewissens«, in: H. Holzhey (Hg.), *Gewissen? Philosophie aktuell*, Bd. 4 (Basel/Stuttgart 1975); »Philosophische Überlegungen zur psychoanalytischen Situation«, in: *Zeitschrift für klinische Psychologie und Psychotherapie* 26 (1978); »Bemerkungen zur Positivität des lebenspraktischen Nicht«, in: G. Jappe/C. Nedelmann (Hg.), *Zur Psychoanalyse der Objektbeziehungen* (Stuttgart-Bad Cannstatt 1980); »Die psychoanalytische Situation und der Augen-Blick«, in: S. O. Hoffmann (Hg.), *Deutung und Beziehung. Kritische Beiträge zur Behandlungskonzeption und Technik in der Psychoanalyse* (Frankfurt am Main 1983).

Helmut Reiff, Dr. med., geb. 1947; Psychiater und Psychoanalytiker (DPV) mit eigener Praxis; Chefarzt der Psychosomatischen Fachklinik Kohlwaldklinik in St. Blasien. Veröffentlichungen vor allem zu Fragen der Semiotik, Metapsychologie und psychoanalytischen Psychosomatik.

Martin Wangh, MD, Psychiater, Lehranalytiker, New York Psychoanalytic Institute und Israel Psychoanalytic Institute. Clincal Professor Emeritus, Albert Einstein College of Medicine, Bronx, New York.
Wichtige Veröffentlichungen: »Day Residue in Dream and Myth«, in: *Journal of the American Psycho-Analytical Association* 2 (1954); »Structural Determinants of Phobia«, in: *Journal of the American Psycho-Analytical Association* 7 (1959); »Psychoanalytische Betrachtungen zur Dynamik und Genese des Vorurteils, des Antisemitismus und des Nazismus«, in: *Psyche* 16 (1962) 5; »Die Mobilisierung eines Stellvertreters«, in: *Psyche* 17 (1963) 9; »Die Herrschaft des Thanatos. Über die Bedeutung der Drohung eines nuklearen Krieges und der Einfluß dieser Drohung auf die psychoanalytische Theoriebildung«, in: Carl Nedelmann (Hg.), *Zur Psychoanalyse der nuclearen Drohung* (Göttingen 1985); *Working Through of the Nazi Experience in the German Psychoanalytic Community* (im Druck).

Michael Wirsching, Prof. Dr. med., geb. 1947 in Berlin; Nachfolger von Johannes Cremerius auf dem Freiburger Lehrstuhl für Psychotherapie und Psychosomatische Medizin; Psychoanalytiker und Familientherapeut, Assistenzarzt bei Walter Bräutigam an der Heidelberger Psychosomatischen Klinik bis 1975, danach Oberarzt und Habilitation bei Helm Stierlin, Abteilung für Psychoanalytische Grundlagenforschung und Familientherapie der Universität Heidelberg bis 1980, danach bis 1989 Professor für Klinische Psychosomatik am Zentrum für Psychosomatische Medizin der Justus-Liebig-Universität Gießen (Horst-Eberhard Richter). Seither Ärztlicher Direktor der Abteilung für Psychotherapie und Psychosomatische Medizin am Freiburger Universitätsklinikum.
Zahlreiche Bücher und Zeitschriftenbeiträge, insbesondere zur Familientherapie, bei schweren und chronischen körperlichen Krankheiten. Vorsitzender der Deutschen Arbeitsgemeinschaft für Familientherapie und Vorstandsmitglied des deutschen Kollegiums für Psychosomatische Medizin.